Divo Köppen-Weber/Ursula Fassbender

Alta Major Energie

Divo Köppen-Weber
Ursula Fassbender

Alta Major Energie

Die Heilkraft der aufrechten Haltung

Allegria

Überarbeitete und ergänzte Neuausgabe des gleichnamigen Werkes
erschienen München,1987
im Peter Erd Verlag

Allegria ist ein Verlag der Ullstein Buchverlage GmbH, Berlin
Herausgeber: Michael Görden

ISBN-13: 978–3-7934-2024-8
ISBN-10 : 3-7934-2024-8

Umschlaggestaltung: FranklDesign, München
Titelabbildung: Shivananda Ackermann
Gesetzt aus der Sabon bei LVD GmbH, Berlin
Druck und Bindearbeiten: GGP Media GmbH, Pößneck
Printed in Germany

INHALT

VORWORT

Als ein Orthopäde mir vor über zwanzig Jahren eröffnete, daß meine Wirbelsäule »zum Wegschmeißen« sei und ich innerhalb weniger Jahre im Rollstuhl sitzen würde, passierte das, was ich heute als Geburtsstunde von Alta Major bezeichnen würde. Tief in meinem Innern fühlte ich eine ungeheure Kraft, die sich gegen diese Prophezeiung aufbäumte und mich den festen Entschluss fassen ließ, selbst die Zusammenhänge herauszufinden, die zu ihrem katastrophalen Zustand geführt hatten.

Zum Zeitpunkt der letzten, vernichtenden Diagnose durch einen Orthopäden hatte ich bereits einen schmerzhaften Leidensweg und eine lange Odysee bei Ärzten, Heilpraktikern und Körpertherapeuten hinter mir. Alle Therapien und Massagen, die ich kennengelernt hatte, konnten meinen Zustand für eine Weile lindern, ihn aber auf Dauer nicht verbessern und heilen. Aufgrund meines Fachwissens als Ergotherapeutin und meines Studiums der Individualpsychologie war mir zwar bewußt, daß die Psyche den Körper unmittelbar beeinflußt; doch noch konnte ich daraus keine Rückschlüsse auf meine eigene Krankheitsgeschichte ziehen. Aber ich spürte instinktiv, daß im Einfluß der Psyche auf den Körper der Schlüssel für meine Heilung liegen würde. Deshalb begann ich mit großem Eifer und Engagement eine Ausbildung zur Heilpraktikerin. Mein Ziel war es, die Anatomie des Körpers und dessen verschiedene Funktionen zu verstehen.

Nach meiner bestandenen Heilpraktikerprüfung reiste ich für längere Zeit nach Indien, um weiter auf dem Gebiet der körperorientierten Psychotherapie zu forschen und meine jahrelange Meditationserfahrung zu vertiefen. Ich fand dort zwar weitere Bestätigungen für meinen schlechten Ist-Zustand, aber keine Anleitung für dessen bewußte Neugestaltung. Selbst unter meinen Lehrern, die alle Wert auf eine aufrechte Haltung legten – »Sitzt aufrecht!« – fand sich keiner, der mir als praktikables Vorbild für eine aufrechte Haltung hätte dienen können. Auch die zahlreichen Körperbehandlungen vermittelten mir keine neuen Perspektiven.

Kurz vor der Heimreise wurde ich so schwer krank, daß ich sofort nach meiner Rückkehr in die nächste Klinik eingeliefert wurde. Die Ärzte schlugen – wieder einmal – hilflos die Hände über dem Kopf zusammen. Meine Blutwerte waren schockierend und ich litt an einem Konglomerat undiagnostizierbarer Krankheiten. Eine medikamentöse Behandlung war nicht möglich, da mein Zustand die Leber ganz besonders in Mitleidenschaft gezogen hatte. Die Aussicht auf Überleben war laut den Ärzten äußerst gering. Ein halbes Jahr lang lag ich zunächst apathisch und vollkommen geschwächt im Krankenhaus – unfähig Besucher zu empfangen, geschweige denn ein Buch zu lesen.

In dieser herausfordernden, von der Außenwelt völlig isolierten Zeit, durchlebte ich die gesamte Palette menschlicher Gefühlsregungen. Von der anfangs tiefsten Glücksseligkeit und dem Einverständnis zu sterben, bis hin zur tiefsten Verzweiflung, dem Hadern mit Gott, der mich scheinbar unbeteiligt meinem eigenen Schicksal überließ. In diesen dunklen Stunden jedoch drang ein immer stärker werdender Lichtstrahl in mein Bewußtsein, der es mir nach und nach ermöglichte, das Phänomen meiner Gefühlsschwankungen nur zu beobachten und sich nicht mehr mit ihnen zu identifizieren. Ich erkannte, daß bestimmte Gedanken damit korrespondierende Gefühle auslösen. Diese intensive Selbstwahrnehmung ging sogar so weit, daß ich die außergewöhnliche Gabe entwickelte, meinen Körper nicht nur energetisch vor meinem inneren Auge wahrzunehmen, sondern auch dessen gesamte Skelettstruktur.

Mein Bewußtsein vollführte im Verlauf dieser Entwicklung einen wahrhaften Quantensprung: unbeirrt von all meinen

Ängsten erstrahlte in meinem Geist das tiefe Wissen, daß der Mensch von seinem göttlichen Wesen her aufrecht gemeint ist.

Aber Situationen und Ereignisse aus unserem Leben manifestieren sich im Laufe der Zeit in unserem Körper und drükken sich in unserer Körpersprache aus. Häufig kommt es zu Gewohnheitshaltungen, die alles abzeichnen, was jemand durchlebt hat. Die Körperhaltung hat dann die Tendenz, eine bestimmte seelische Haltung immer wieder hervorzurufen und übermittelt auch anderen Menschen nonverbale Botschaften, auf die diese entsprechend reagieren. Im Positiven wie im Negativen wirkt unsere Körperhaltung ansteckend. Daher kann ein bedrückter und geknickter Mensch andere herunterziehen, während ein aufgerichteter Mensch die Fähigkeit hat, uns mitzureißen und zu beflügeln. Durch unser Aufgerichtetsein können wir sowohl eine positive Einstellung zu uns selbst und zum Leben wecken, als auch ermutigend und aufrichtend für andere wirken. Aus dieser Erkenntnis begann ich nach einer Methode zu suchen, die uns hilft zu unserer von der Schöpfung gemeinten Haltung zurückzufinden. Was aus dieser Einsicht und ihrer praktischen Anwendung in meiner Praxis als Heilpraktikerin entstand nannte ich Alta Major.

Durch die Alta-Major-Methode, deren Hintergrund und Wirkungsweise in diesem Buch vorgestellt wird, haben seit ihrer Begründung Anfang der Achtziger Jahre schon viele Menschen nicht nur eine andere Haltung bekommen, sondern auch ein neues freudvolles Leben gefunden.

Für meine Arbeit hat Avalokiteshvara, der Buddha der heilenden Hinwendung, eine ganz besondere Bedeutung. Der Dalai Lama ist die Verkörperung dieses Buddhas. Ihm ist das Mantra »Om mani padme hum« am Ende dieses Buches gewidmet, das wörtlich »das Juwel in der Lotusblüte« heißt, aber im übertragenen Sinne als »Geist im Körper« zu verstehen ist. Avalokiteshvara wird häufig mit tausend Armen dargestellt, in deren Handfläche sich je ein Auge befindet. Darin steckt die Botschaft, daß Hände auch sehend sein können, daß wir über Berührung viel, viel tiefer begreifen als über die Augen und daß in unseren Händen die Fähigkeit des Mitgefühls liegt.

Überall wo Berührung stattfindet ist die Möglichkeit für ein neues Körper bewußtes Sein gegeben, wenn wir unsere Aufmerksamkeit dorthin lenken. Da der Körper immer schon als ein vergeistigtes Wesen angelegt war, wird es mit der Zeit immer mehr und mehr die Sehnsucht unseres Körpers nach Bewußtheit sein, die zum Erwachen im Körper führt. Alta Major bietet einen konkreten Weg, zu dieser verinnerlichten Synthese von Körper und Geist und damit zu einem sich seines Selbst immer bewußter werdenden Leben. Mit diesem Buch möchte ich alle Leser an der Vision teilhaben lassen, auf freudvolle Weise den Geist zu verkörpern und den Körper zu vergeistigen.

Divo Köppen-Weber, Juli 2005

EINFÜHRUNG

Die innere und äußere Haltung des Menschen

Der Mensch ist aufrecht gedacht. Daß wir auf zwei Beinen stehen, bedeutet aber noch lange nicht, daß wir wirklich aufrecht sind. Solange wir leiden, unglücklich und bedrückt sind, hat unsere Wirbelsäule einen Knick. Dieser Knick in unserer Wirbelsäule birgt unser ganz persönliches Geheimnis. Der Knick in unserer Wirbelsäule ist die Ursache für die geknickte Körperhaltung, die wir zu einem ganz bestimmten Zeitpunkt in unserem Leben eingenommen haben. Irgendwann im Lauf unseres Lebens hat sich Angst in unserem Nacken festgesetzt. Wir haben den Kopf eingezogen, um uns zu schützen. Unsere Hilflosigkeit brachte uns dazu, die Schultern hängenzulassen und uns vor jeder Bedrohung ängstlich zu ducken. Wir tragen eine schwere Last auf unseren Schultern, die uns niederdrückt. Wir sind im wahrsten Sinne des Wortes »geknickt« und »bedrückt« – innerlich und äußerlich.

Wenn wir innerlich deprimiert sind, vollzieht unser Körper diese innere Haltung nach. Er beugt sich unter der imaginären Last auf seinen Schultern. Schließlich reagiert er mit Schmerzen; wir werden krank, schwach und verlieren unsere Lebensfreude, weil unsere Lebensenergie nicht mehr im Fluß ist: Wir sind nicht mehr »im Lot« mit uns selbst. Unsere innere Disharmonie drückt sich durch unseren Körper aus, wird in unserer äußeren Haltung sichtbar.

Diese äußere Haltung spiegelt natürlich umgekehrt unseren Mitmenschen, wie wir innerlich »eingestellt« sind. Unsere

Körperhaltung bestimmt also, wie wir auf andere wirken. Wenn wir mit eingezogenem Kopf und hängenden Schultern durchs Leben gehen, wirken wir auch bedrückend auf unsere Mitmenschen und erscheinen kleinlaut, verzagt und erfolglos. Wenn wir uns dagegen hinter Hochmut oder Hochnäsigkeit verschanzen, wirken wir unnahbar und überheblich.

Unser Herz ist entweder verschüchtert oder versteinert. In beiden Fällen kann es sich nicht öffnen. Wir fühlen uns einsam und unglücklich, können nicht mehr aufrichtig so sein, wie wir in Wirklichkeit sind. Deshalb kann auch unsere Umwelt nicht so auf uns reagieren, wie es unserem wahren Wesen entspräche. Die Folge: Wir bekommen nicht das, was wir wirklich brauchen. Die entsprechende Umweltreaktion deprimiert uns noch mehr. Ob wir nun durch unsere Haltung Niedergeschlagenheit oder übersteigertes Selbstbewußtsein und aufgesetzte Überlegenheit signalisieren, wir leiden darunter, daß wir nicht so sein können und nicht so gesehen werden, wie wir in Wirklichkeit sind – innerlich und äußerlich.

Aber so sind wir nicht gedacht! Unser wahres inneres Wesen ist in dieser Körperhaltung nicht wirklich zu Hause. »So wie eine zusammengefallene Körperhaltung und ein freudloser Gesichtsausdruck nicht normal sind, so ist es auch nicht normal, krank zu sein oder an einer chronischen Krankheit zu sterben«, schreibt Dr. Diamond in seinem Buch »Der Körper lügt nicht«.

Genauso, wie unser Körper eine zusammengefallene Haltung eingenommen hat, kann er sich auch wieder daraus befreien. Wir können uns jetzt entscheiden, eine neue innere Haltung einzunehmen, und unseren Körper darin unterstützen, sich aus seinem Knick wieder aufzurichten! Unser Leiden ist eine Chance, unsere falsche Lebens-»Haltung« zu erkennen. In unserem Knick liegt unser Potential, dessen wir uns bisher nur nicht bewußt waren – unser Potential, zu dem Menschen zu werden, als der wir gedacht sind. Dieses Potential können wir verwirklichen, wann immer wir bereit dazu sind!

Wie aber sind wir gedacht?

Alta-Major gibt uns die Antwort und damit den Schlüssel, der die Tür in unser neues Sein öffnet – in Bewußt-Sein, Aufrecht-Sein und Heil-Sein:

Der Mensch ist aufrecht gedacht. Das schönste Bild dafür ist der sitzende Buddha. Seine Körperhaltung drückt Erhabenheit und vollkommene Harmonie aus: Er ruht in sich selbst.

Der aufrecht sitzende Buddha ist ein Symbol für das Aufrechtsein. Seine Wirbelsäule ist zum Kanal für die göttliche Energie geworden, die durch ihn wirken kann. Sein Kopf sitzt auf der aufrechten Wirbelsäule wie eine Blüte auf ihrem Stiel. Sein Kopf ruht anmutig auf der Wirbel-»Säule«. Kein Knick bringt ihn aus seinem inneren Lot. In seiner Haltung ist das Aufrecht- und Aufrichtigsein eines Menschen verkörpert, der der Schöpfung als Werkzeug zur Verfügung steht. Sein inneres Wesen kann sich in dieser Haltung erst wirklich entfalten. Der Körper ist zu einem Raum geworden, der diesem Wesen den ihm gemäßen Ausdruck verleiht. Jeder, der eine aufrechte Buddha-Statue länger betrachtet, kann diese Aufrichtigkeit in sich nachempfinden.

Wenn der Mensch sein physisches Sein mit Bewußtsein füllt, wird aus dem »Geschöpf Gottes« ein »Mit-Schöpfer Gottes«.

Die Buddha-Haltung ist uns vertraut. Wir würden einen sitzenden Buddha doch niemals für einen Akrobaten halten! Wir können diese Haltung innerlich nachvollziehen. Woran liegt das?

Der Mensch hat sich bis zu seiner jetzigen Entwicklungsstufe immer mehr aufgerichtet, das heißt nach oben orientiert. Wenn wir uns ganz aufrichten und unsere Wirbelsäule ins rechte Lot bringen, werden wir nicht nur von unseren Schmerzen, Muskelverspannungen und den durch unsere geknickte Haltung bedingten Krankheitssymptomen befreit, sondern wir werden insgesamt vitaler und energievoller. Das liegt daran, daß der Energiefluß, der durch die Nervenstränge in der Wirbelsäule unsere Organe bis in die kleinste Zelle versorgt, durch keinen Knick mehr unterbrochen wird. Durch das Aufrichten wird das Immunsystem aktiviert und die Durchblutung gefördert, die Atmung wird frei, und die Impulse vom Gehirn können das gesamte Nervensystem ungehindert durchströmen. Somit werden wir lebendiger und gleichzeitig sensitiver, was sich in allen Lebensbereichen niederschlägt. Wir werden fähig, uns neue Quellen der Lebensenergie und Lebensfreude zu erschließen und auf allen Ebenen unseres Körpers und unseres Lebens auszudrücken.

In psychischer Hinsicht bedeutet das Aufrichten unseres Körpers, daß wir aufrichtig werden, das heißt, zu uns selbst stehen und Rückgrat beweisen. Wir zeigen uns so, wie wir sind, und werden von unseren Mitmenschen auch so wahrgenommen. Das macht uns selbstbewußt, und wir können ehrlich und aufrichtig nach unseren inneren Impulsen handeln. Wir werden liebevoller, mitfühlender, kreativer und harmonischer. Wir wirken sympathisch auf andere und haben in allen zwischenmenschlichen Bereichen mehr Erfolg und Ausstrahlungskraft.

Schließlich kommt noch ein spiritueller Aspekt hinzu. Durch das bewußte Aufrichten unseres Körpers gelingt uns, was wir den Entwicklungsschritt vom Homo sapiens zum ›Homo spiritualis‹ nennen könnten. Wir werden uns damit nicht nur unseres intellektuellen und physischen Menschseins bewußt, sondern auch unserer wirklichen Aufgabe als geistige Wesen oder ›Krönung der Schöpfung‹.

Der Homo spiritualis stellt die Verbindung zwischen Himmel und Erde her. Unsere aufrechte Wirbelsäule wird zu einem Kanal für die göttliche Lebensenergie, die durch uns hier auf Erden wirken will. Unser Körper wird zu einem durchlässigen Gefäß, das uns die Möglichkeit gibt, unsere wahren Fähigkeiten in diesem Leben so einzusetzen, wie es uns zugedacht ist. Je mehr wir dieses Gefäß öffnen und formen, um diese Energie aufzunehmen, desto stärker wirkt diese Kraft auf uns und unser Leben ein. Um zu dieser Lebenshaltung zu gelangen, benötigen wir eine innere Vision von dem göttlichen Wesen, das in uns schlummert und erst ›auferstehen‹ kann, wenn unser Kanal nach oben frei ist ... Dann erkennen wir unsere neue Freiheit zur Ausrichtung unseres Lebens und seines Ausdrucks (oder Abdrucks) in unserer Wirbelsäule.

Alta-Major wirkt sich also auf drei Ebenen aus: der körperlichen, psychischen und spirituellen Ebene des Menschen.

Jeder von uns kann den Weg zum Aufrechtsein beschreiten. Jeder von uns kann sich jetzt dazu entscheiden, seinen Körper zu entlasten und sein Wesen zu befreien. Welches individuelle Lebensziel wir auch haben, mit Hilfe von Alta-Major wird es der Weg zur Höherentwicklung, zum Wachsen innerlich und äußerlich! Wenn wir uns aufrichten und unser eigentliches Wesen verwirklichen, erfreuen wir nicht nur uns selbst, sondern die ganze Welt. Denn wir sind nicht nur ein Teil der Schöpfung, wir sind mit all ihren Schöpfungen verbunden. So wie uns das bloße Vorhandensein einer duftenden Rose erfreut, erfreuen wir die Welt mit unserem Sein, wenn wir – wie eine Rose – einfach so erblühen, wie wir gedacht sind. »Wenn die Rose selbst sich schmückt, schmückt sie auch den Garten«, schrieb der Dichter Friedrich Rückert.

Wollen wir uns gemeinsam auf den Weg machen, uns aus unserem Geknicktsein aufzurichten, denn wir haben jetzt in diesem Leben die Möglichkeit dazu!

Du wirst die Haltung, die du einnimmst!

Jetzt beginnt der Rest deines Lebens!

ALTA-MAJOR-ENERGIE

Alta-Major-Energie ist die Kraft,
die frei wird,
wenn du dich aufrichtest
und mich dadurch emporziehst.
Alta-Major-Energie ist das Ansteckungsphänomen,
die Energie,
die von mir auf dich überspringt.
Es ist das,
was auch du hast,
wenn ich mich wieder aufrichte,
wenn ich wieder lache, mich freue und alles,
mich selbst, meine Mitmenschen und das Leben, dankbar
annehme, wie es ist:
als das Geschenk Gottes,
das durch uns wirksam wird.

TEIL I

Der Himmel ist in dir
Halt an, wo läufst du hin, der Himmel ist in dir:
Suchst du Gott anderswo, du fehlst ihn für und für.

Ohne Warum
Die Ros' ist ohne Warum: Sie blühet, weil sie blühet,
Sie acht' nicht ihrer selbst, fragt nicht, ob man sie siehet.

Du selbst mußt Sonne sein
Ich selbst muß Sonne sein,
Ich muß mit meinen Strahlen
Das farbenlose Meer der ganzen Gottheit malen.

Mensch, werde wesentlich
Mensch, werde wesentlich: Denn wenn die Welt vergeht,
So fällt der Zufall weg. Das Wesen, das besteht.

Wirst du nicht auch bewegt
Die Sonn' erregt das All, macht alle Sterne tanzen.
Wirst du nicht auch bewegt, gehörst du nicht zum Ganzen.

Die Rose
Die Rose, welche hier dein äußres Auge sieht,
Die hat von Ewigkeit in Gott also geblüht.

(Angelus Silesius)

Kapitel 1

DIE WURZELN

»Die große Tür, durch die alle Krankheiten hereinspazieren, ist die Niedergeschlagenheit. Auf dem Boden der Hoffnungslosigkeit sprießen alle Übel.«

(Paracelsus)

Was hat die Körperhaltung mit der seelischen Verfassung zu tun?

Der Arzt Theophrastus Bombastus von Hohenheim, genannt Paracelsus (1493–1541), erkannte bereits, daß die seelische Verfassung eines Menschen in direktem Zusammenhang mit seinem körperlichen Befinden steht, Alta-Major beruht auf dieser Erkenntnis und entwickelt sie theoretisch und praktisch weiter. Alta-Major zeigt, wie wir körperlich und seelisch gesund werden können, indem wir durch unsere innere Haltung unsere äußere beeinflussen und umgekehrt durch unsere Körperhaltung auf unsere seelische Haltung einwirken.

Der Mensch ist eine Einheit aus Seele, Geist und Körper. Unser Körper ist der physische Ausdruck unseres Wesens, das sich manifestiert und materielle Form angenommen hat. Unser Körper ist somit das Ausdrucksmittel für unser seelisches Potential und unsere kreative Energie. Körper und Seele stehen in Wechselwirkung: Körperliche Krankheit hat vielfach einen seelischen Ursprung, wofür die Medizin den Ausdruck

»psychosomatisch« kennt (griech. »Psyche« = Seele, inneres Wesen, und »Soma« = Körper); unsere innere Haltung spiegelt sich in unserer äußeren Haltung wider; umgekehrt hat unsere Körperhaltung einen direkten Einfluß auf unser seelisches Befinden. Wie eine verwelkte Rose, die den Kopf hängenläßt, oder ein krankes Tier, das sich zurückzieht, spiegelt uns auch der Körper des anderen klar wider, in welcher seelischen Verfassung sich unser Gegenüber befindet. Wir wissen ganz genau, wie ein trauriger oder fröhlicher, ein stolzer oder gebrochener Mensch aussieht. An seiner körperlichen Erscheinung erkennen wir, ob jemand gerade ein Geschenk bekommen oder einen Verlust erlitten hat. Die Körperhaltung zeigt, ob jemand einen Erfolg erlangen konnte oder einen Mißerfolg hinnehmen mußte.

Welche Art von Wahrnehmung aber vermittelt uns diesen Eindruck? Mit den Augen sehen wir, wie eine geknickte Rose oder ein Mensch den Kopf hängenläßt. Selbst wenn uns dieser Mensch erzählt, er sei glücklich, fällt es uns schwer, dies zu glauben. Sein Körper signalisiert uns etwas anderes. Wir erhalten eine Doppelbotschaft und zweifeln an seinen Worten. Unsere Augen dienen der äußeren Wahrnehmung. Diese realistische Wahrnehmung der physischen Haltung ist die Voraussetzung dafür, die dahinter verborgene innere Botschaft zu verstehen.

Der Körper ist unser Diener und Helfer. Er ist unser bester Freund, der uns ein Leben lang begleitet und uns ermöglicht, unsere Lebenserfahrungen zu machen. Unser Körper ist der Tempel, den sich unser Wesen erschaffen hat, ein Wunderwerk Gottes. So wie er uns dient, sollten wir ihn achten und lieben, indem wir ihm als erstes unsere liebevolle Aufmerksamkeit schenken. Unser Körper ist ein höchst komplexes Gebilde, dessen Einzelteile in ständiger Wechselbeziehung miteinander stehen. Wenn wir unseren Körper und damit uns selbst als ein Ganzes heilen wollen, sollten wir bei der Basis beginnen, um sowohl innere und äußere Harmonie und damit Gesundheit zu erlangen.

Die Basis unseres körperlichen Ausdrucks ist die Wirbelsäule. Sie stellt den Stamm unseres Bewegungsapparates dar und umhüllt das Rückenmark, das als Schaltzentrale zum Gehirn Körperfunktionen kontrolliert und übermittelt. Die Wirbelsäule hat eine zentrale Stellung in unserem Körper und spielt eine wesentliche Rolle in unserem körperlichen Menschsein. Alta-Major setzt genau hier an.

Betrachten wir den Begriff Alta-Major, kristallisieren sich unter der Vielzahl von Bedeutungen heraus: hochragend, erhaben, geheim oder auch tiefdringend; als Substantiv verweist altus in den Himmel. Major, eine Steigerung von magnus, heißt höher und größer und verstärkt nochmals altus. Ein römischer Gott hieß Maius, der WACHSTUM BRINGENDE. Diese Kraft hat auch unseren Monat Mai benannt.

Über diesen höchsten Punkt erhalten wir Verbindung zu einem unermeßlichen Kraftstrom, der für uns, unsere Arbeit und unseren Planeten reichlich fließen will. In der Theosophie wird dieser Punkt als wichtigstes kraftspendendes Tor erwähnt. Durch Alta-Major will sich ein Wissen offenbaren, das uns Menschen helfen kann, zunächst Rückenschmerzen zu heilen, um dann Energie frei werden zu lassen. Dieses Wissen liegt verborgen in alten östlichen Weisheiten und Heilschulen der Menschheit und wartet nur darauf, zu unser aller Wohl genutzt zu werden.

Der Alta-Major-Punkt ist der oberste Punkt der Wirbelsäule. An dieser Stelle schließt das Rückenmark an die »Medulla Oblongata« an, das sogenannte »verlängerte Mark«. In der Sufi-Tradition wird dieser Punkt »das Tor für Licht und Wahrheit« genannt. Er stellt die Verbindung zwischen Geist und Körper her.

Das verlängerte Mark ist der an das Rückenmark anschließende Hirnabschnitt. (1)* Anatomisch betrachtet, mündet das Rückenmark am Alta-Major-Punkt in der Fortsetzung der Medulla Oblongata in die Öffnung der Schädelbasis ein,

* Ziffern siehe Quellenverzeichnis

das große Hinterhauptsloch (Foramen magnum). Vereinfacht könnte man sagen, Alta-Major ist der Übergang der Wirbelsäule zum Gehirn.

Wenn wir nun innerlich geknickt sind, bekommt unsere Wirbelsäule einen Knick und gerät aus ihrer aufrechten Haltung. Da eine geknickte Körperhaltung auf sämtliche Körperfunktionen einwirkt und in direktem Zusammenhang mit unserem körperlichen und seelischen Wohlbefinden steht, geraten wir in einen Teufelskreis. Unser Geknicktsein wird zur Ursache von Krankheit und Depression und äußert sich in zwischenmenschlichen Problemen und beruflichen Schwierigkeiten, welche wiederum immer wieder »in dieselbe Kerbe schlagen« und unseren Knick noch vertiefen.

Doch dieser Kreislauf kann von jedem Menschen durchbrochen werden, unabhängig davon, wie alt er ist. Jeder von uns kann sich aus seinem Knick aufrichten und zu einem gesunden, selbstbewußten, liebevollen, erfolgreichen und lebensfrohen Menschen werden. Jeder Mensch kann wieder in die Haltung zurückkehren, die ihn heilt und das Leben zu einer beglückenden und abenteuerlichen Erfahrung macht!

Dazu sind weder komplizierte Technik noch aufwendige, jahrelange Behandlung notwendig. Was wir für unsere Heilung brauchen, ist die Bereitschaft, unseren Ist-Zustand wahrzunehmen, und das tiefe Bedürfnis, eine neue Haltung einzunehmen. Wie wir dies erreichen und uns von unseren Schmerzen, Krankheiten und seelischen Leiden befreien können, kann uns Alta-Major zeigen. Alta-Major hilft uns, uns unseren Knick bewußtzumachen, schenkt uns die Vision unseres Aufrechtseins, wir erfahren, wie wir eigentlich gedacht sind, und lernen, uns wieder ganz aufzurichten. Alta-Major ist der Schlüssel zu unserem inneren Tresor für Gesundheit und Lebensfreude!

Dieses Buch möchte Sie Schritt für Schritt in Ihr Aufrechtsein und Heilsein führen. Um Ihnen einen kurzen Überblick über die anatomischen Zusammenhänge zwischen der Wirbelsäule und den Körper- und Seelenfunktionen zu geben, behandelt der erste Teil dieses Buches unsere Wurzeln: unseren Körper und all seine Bereiche, die für unsere innere und äußere Haltung wichtig sind. Sie gewinnen auf diese Weise einen tieferen Einblick in den Zusammenhang zwischen einer aufrechten Haltung Ihrer Wirbelsäule und Gesundheit, Harmonie und Lebensfreude.

Wie ist die Wirbelsäule aufgebaut?

Die Wirbelsäule ist der Stamm des menschlichen Knochengerüsts. Sie besteht aus insgesamt dreiunddreißig Wirbeln: sieben Halswirbeln, zwölf Brustwirbeln und fünf Lendenwirbeln. Die fünf letzten Wirbel sind zu einem einzigen Segment verschmolzen, dem Kreuzbein, an das sich das aus vier verkümmerten Wirbeln bestehende Steißbein anschließt. Von oben nach unten bezeichnet man die einzelnen Abschnitte der Wirbelsäule als Hals-, Brust- und Lendenwirbelsäule, Kreuzbein und Steißbein. Die Wirbel sind durch Gelenke miteinander verbunden. »Die 24 beweglichen Wirbel (Hals-, Brust- und Lendenwirbel) sind mit 144 Gelenken, ungefähr 400 Ligamenten in Form von Sehnen und Bändern und etwa 550 Muskeln versehen. Diese Muskeln, Sehnen und Bänder halten alle Segmente (Wirbel) so fest zusammen, daß diese nicht von zwei Paar Pferde- und Ochsengespannen, an beiden Enden angespannt, auseinandergezogen werden könnten. Aber wie stark sie auch aneinander befestigt sind, bleiben sie doch gleichzeitig zueinander beweglich und können unter abnormen Verhältnissen auch in ihrer biegsamen Zusammenfügung verschoben werden.« (2)

Die beiden obersten Wirbel unterscheiden sich in Form und Funktion von den übrigen Wirbeln. Der oberste Halswirbel (Atlas) hat eine breite Auflagefläche, da er den Kopf trägt, deshalb wird er in einigen Anatomiebüchern auch als »Träger« bezeichnet. Der zweite Halswirbel (Axis oder »Dreher«) dient im wesentlichen der Kopfdrehung in der Horizontalebene, das heißt der Drehung nach links und rechts. In dem engen, von Knochenringen umgebenen Wirbelkanal liegt ein äußerst empfindliches, sehr leicht verwundbares Organ des Körpers: das Rückenmark. (3)

Zwischen den einzelnen Wirbeln befinden sich die Zwischenwirbelscheiben oder Bandscheiben. Sie sind aus Faserknorpel aufgebaut, der einen Gallertkern umschließt. Die Bandscheibe wirkt wie ein Wasserkissen oder Stoßdämpfer zwischen den einzelnen Wirbeln. Auf diese Weise sind die Wirbel gegeneinander abgepolstert.

Die Bandscheiben machen ungefähr ein Drittel der Wirbelsäule aus. Die Gallertmasse der Bandscheiben enthält eine Nährflüssigkeit, die im Laufe des Tages durch die Druckbelastung herausgepreßt wird. Nachts füllen sich die Gallertkerne wieder mit Flüssigkeit auf. Dies ist auch der Grund dafür, warum wir abends bis zu drei Zentimeter kleiner sind als morgens. Befindet sich unsere Wirbelsäule in einer Fehlhaltung, sind die Bandscheiben ständig einer erhöhten Druckbelastung ausgesetzt und können sich nicht mehr regenerieren.

Die beiden beweglichsten Teile der Wirbelsäule sind die Hals- und die Lendenwirbelsäule. Im Stehen verläuft die Wirbelsäule in einer leichten S-Form, einem schlanken Fragezeichen vergleichbar. Dies bewirkt die Elastizität der Wirbelsäule beim Gehen. Die S-Form fängt die Fortbewegung des Körpers auf und hält ihn im Gleichgewicht.

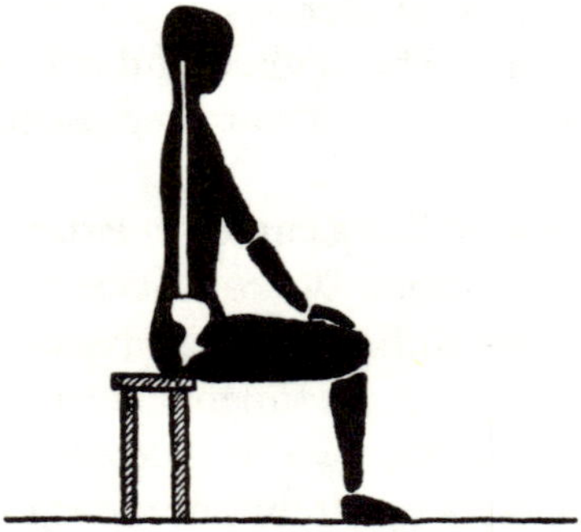

Eine völlig aufrechte Haltung wie die eines Buddhas im Lotussitz ist dem Menschen nur im Sitzen möglich, genauer gesagt, wenn wir mit den Sitzhöckern auf der Stuhlkante sitzen. In dieser Position kann die Krümmung in der Wirbelsäule vollkommen ausgeglichen werden. Beim Sitzen neigt sich das Becken nach hinten, das Steißbein hingegen verschiebt sich nach vorne, wodurch die S-Krümmung in der Wirbelsäule ausgeglichen werden kann. Das Kreuzbein steht senkrecht und dient als Basis für die Säule der darauf aufbauenden Wirbel, und das Körpergewicht lastet auf den Sitzhöckern. In dieser Haltung wird der Kopf auf der Wirbelsäule frei getragen wie eine Rosenblüte auf ihrem Stiel. Im Sitzen kann die Wirbelsäule als gerader Kanal für das in ihr eingelagerte Rückenmark dienen, dem eine ganz wesentliche Funktion zukommt.

Was ist das Rückenmark?

Das Rückenmark ist ein 40–45 cm langer, fingerdicker Strang, der aus Nervengewebe besteht. Es durchzieht den Wirbelkanal vom Hinterhauptsloch bis zur Höhe des ersten bis zweiten Lendenwirbels.

Aus dem Rückenmark treten auf beiden Seiten einunddreißig Nervenpaare, die peripheren Nerven, aus und durchziehen den ganzen Körper. In der Halswirbelsäule ist der Nervenstrang am dicksten gebündelt, da alle Nerven aus dem Gehirn austreten. Nach unten hin verjüngt sich der Nervenstrang, da immer mehr Nervenpaare bereits aus dem Wirbelkanal ausgetreten sind. Er ist also in der Lendenwirbelsäule am dünnsten.

Das Rückenmark ist das Zentrum sowohl für das zerebrospinale als auch für das autonome Nervensystem. Am Alta-Major-Punkt tritt es in das verlängerte Mark aus, die Medulla Oblongata.

Das Rückenmark ist der Vermittler zwischen unserem Gehirn und dem übrigen Körper. Eine weitere wichtige Funktion hat es als sogenanntes Reflexorgan. Bestimmte Körpersignale, die eine sehr schnelle Reaktion erfordern, werden im Rückenmark nicht erst zum Gehirn geleitet, sondern durch Umschaltung in einem Reflexbogen sofort vom Rückenmark beantwortet. Dies geschieht zum Beispiel dann, wenn wir auf eine heiße Herdplatte fassen (siehe auch S. 37, »Wie arbeiten die Muskeln?«).

Das Rückenmark befindet sich ähnlich wie das Gehirn in Häuten, in denen es von Nervenflüssigkeit (Liquor) schützend umgeben ist. Den Schutz vor äußerer Gewalteinwirkung übernimmt der knöcherne Wirbelkanal, der aus den Wirbellöchern der verschiedenen Wirbel gebildet wird. Er entspricht in seinen Aufgaben dem Schädelskelett, das dem Schutz des Gehirns dient. (4) Das Rückenmark bildet als Nervenkanal eine Art Verlängerung des Gehirns, das über das periphere Nervensystem als Sender und Empfänger mit dem Körper kommuniziert und zusammenwirkt.

Wie funktioniert das Nervensystem?

Das Nervensystem wird in zwei Systeme unterteilt: Das Zentralnervensystem und das autonome Nervensystem. Das zerebrospinale Nervensystem besteht nun aus dem Zentralnervensystem, zu dem das Gehirn und das Rückenmark gehören, sowie aus den peripheren Nerven. Während das Zentralnervensystem vor allem der Informationsverarbeitung und der Steuerung der Körperfunktionen dient, haben die Nerven die Aufgabe, Informationen in Form von Nervenimpulsen zum Zentrum oder zu den ausführenden Organen zu leiten. In die Nervenbahnen sind vielfach Ganglien, das heißt periphere Ansammlungen von Nervenzellen, eingebaut, in denen eine Umschaltung von Nervenimpulsen erfolgt. (5)

Das verlängerte Mark, die Medulla Oblongata, ist eines der wichtigsten Nervenzentren im Schädel. Man kann es vielleicht mit einem Hauptbahnhof vergleichen, an dem alle Eisenbahnen und Straßen, Straßenbahnen, Autobusse und U-Bahnen der Stadt zusammenlaufen. Von hier aus strahlen die Nervenfasern des Rückenmarks in alle Teile des Gehirns aus. (6) Die Medulla Oblongata ist die größte Schaltstelle im Nervensystem.

Das autonome oder vegetative Nervensystem hält die lebenswichtigen Körperfunktionen aufrecht. Es steuert die Tätigkeit der Organe und Drüsen: Atmung, Kreislauf, Verdauung, Stoffwechsel, Blasen-, Mastdarm- und Geschlechtsfunktion. Es arbeitet unabhängig von direkter willentlicher Beeinflussung. Die Zentren des autonomen Nervensystems befinden sich teilweise im Gehirn und teilweise im Rückenmark. »Die Batterien des Gehirns senden durch die Nervenbahnen lebengebende Impulse an die verschiedenen Organe des Körpers ... Diese belebende Kraft, die es uns ermöglicht, Gedanken zu formen, mit allen unseren Sinnen zu empfinden, unsere Glieder zu bewegen und die Funktionen unserer Organe zu regulieren, wird vom Gehirn durch ein gewaltiges Nervenkabel, das Rückenmark, geleitet, das – bildlich gesprochen – mit unseren unterirdischen Telefonkabeln und ihren Bündeln verschiedenfarbiger Drähte verglichen werden kann. Die Anzahl dieser Nervenbahnen ist ungeheuer groß. Man hat nicht weniger als 17000 solcher ›Drähte‹ in einem einzigen Rückenmarkabschnitt gezählt.« (7)

Der Vollständigkeit halber müßten wir an dieser Stelle unser Interesse dem Gehirn zuwenden. Doch es wird uns kaum gelingen, diesen »Kosmos im Kopf«, wie das Gehirn von einem Wissenschaftsjournalisten so treffend bezeichnet wurde, in seiner Kompliziertheit zu beschreiben. Dies würde den Rahmen dieses Buches übersteigen, und wir wollen Sie, lieber Leser, nicht mit anatomischen Einzelheiten über das Gehirn aufhalten, die ja ohnehin in jedem Anatomiebuch dargestellt sind. »Erst die Probleme der Wissenschaftler und Philosophen mit der Erklärung von Sinneswahrnehmung und Erinnerung, von Denken und Bewußtsein, lassen die Komplexität des Gehirns ahnen.« (8) Wir wollen zu diesem mysteriösen

»Mikrokosmos im Makrokosmos« nur ein paar Fragen aufwerfen, die uns vielleicht einige neue Perspektiven eröffnen können.

Alles, was uns bewußt ist, und alles, was uns (noch) nicht bewußt ist, findet sich im Gehirn gespeichert. Das Gehirn ist das übergeordnete Organ, das unser Denken, Fühlen und unseren gesamten Organismus reguliert. Im Gehirn existieren Vergangenheit, Gegenwart und Zukunft quasi gleichzeitig. Wir besitzen ein Gedächtnis für unsere Vergangenheit, eine Wahrnehmung unserer gegenwärtigen seelisch-geistig-körperlichen Situation und ein Vorstellungsvermögen, eine Visionsfähigkeit für zukünftige Verwirklichungen unseres inneren Potentials.

Das Gehirn mit seinen bis zu 100 Milliarden Nervenzellen wird heute mit modernsten Elektronenmikroskopen untersucht, und doch »macht sich der Geist nicht bemerkbar, sondern ist nur als ein Gewirr von Nervenzellen, Axonen, Dendriten und Synapsen zu sehen«. (9) Das Innerste des Gehirns, der Thalamus, ist eine gigantische Schaltzentrale für alle im Gehirn einlaufenden Sinneserregungen und wird vielfach auch das »Tor des Bewußtseins« genannt. Die moderne Naturwissenschaft kennt die Funktion der einzelnen Bestandteile des Gehirns, etwa so, wie man weiß, wie der Motor eines Autos funktioniert. Doch was das Gehirn dazu bringt zu funktionieren, wissen wir nicht. Diese Frage bleibt offen. Sollten wir eine Antwort darauf finden, so liegt es nahe, daß sie in einer anderen Dimension als der stofflichen wurzelt.

Gehen wir vorläufig einmal davon aus, daß unser Körper zwar physischer Natur, der Mensch als Ganzheit aber mehr als sein physischer Körper ist. Vielleicht können wir diesem Geheimnis eher auf die Spur kommen, wenn wir unsere Nachforschungen auf die stofflich nicht nachweisbare Dimension ausdehnen. Denn der Mensch ist ein Wunderwerk der Schöpfung, das ein Wesen beherbergt, das mehr ist als sein Körper! Das Gehirn macht uns besonders deutlich, daß wir bei der Erforschung des Mensch-Seins, des Funktionierens menschlichen Lebens, unweigerlich an die Grenze stoßen, an der wir unser Bewußtsein für eine höhere, spirituelle Dimension im wahrsten Sinne des Wortes erweitern müssen.

»Der Träger des Lebens ist die Wirbelsäule.

Das Leben wollte sich offenbaren, und so erweiterte es den obersten Knochenwirbel des Rückgrates und schuf darauf den Schädel. Es entwickelte den in diesem Schädel befindlichen feinen Stoff zum Träger seiner Spannung und gab ihm die Eignung zum Ausdruck von Vernunft und Gefühl. So entstand das Gehirn. Durch diese Materie wollte es sehen, hören, riechen, den Geschmack der Dinge wahrnehmen und tasten. So entstanden die Sinnesorgane: Augen, Ohren, Nase, Mund und Tastnerven. Um sich im Raume fortbewegen zu können und handlungsfähig zu sein, sorgte es für Füße und Hände. Damit aber dieses Gebilde fortbestehen könne und dazu fähig sei, im Falle einer Abnützung Ersatz zu stellen, schuf es die verschiedenen Organe zur Selbst- und Arterhaltung. Der Vermittlung des Lebensstromes dient das Nervensystem. Schließlich wurde dieses sich auf zwei Füßen fortbewegende Werkzeug der Offenbarung des Lebens mit einem Namen bedacht: ›Mensch.‹ Das Leben wurde sich im Menschen seiner selbst bewußt, infolgedessen sprach es und sagte: ›Ich bin!‹

Das Leben in uns ist das, was der Mensch in sich selbst ›Ich‹ nennt. Leben und Ich sind das immerwährende, unsterbliche Selbst, das nie geboren wurde, also auch nie sterben kann, denn das Ich ist das Leben, und das Leben kann nicht sterben ... Das Selbst bekleidete sich mit dem Körper und strömt mit Hilfe des Nervensystems sich selbst – also das Leben – in alle Fasern seines Körpers aus, diesen mit vollkommenem Gleichgewicht und mit Harmonie erfüllend. So ist die Funktion des Körpers regelmäßig, das heißt: gesund.« (10)

Uns Menschen offenbart sich das Leben und will sich seiner selbst bewußt werden. Vielleicht ist das der Grund für die schon immer in uns brennende Frage »Wer bin ich?« und die Aufforderung »Erkenne dich selbst«. Gerade unser Gehirn und unser Nervensystem, die ihre Geheimnisse der wissenschaftlichen Forschung nur sehr zögernd preisgeben, lassen in jedem von uns die Ahnung entstehen, daß der Mensch und sein Menschenkörper mehr sind als ein Zusammenwirken biochemischer Vorgänge. Ist es nicht denkbar, daß uns die Wahrheit erst dann offenbart wird, wenn wir den Körper und seine biochemischen Vorgänge in einem höheren Zusammenhang betrachten? Ist es nicht möglich, daß wir die körperlichen Geschehnisse nur verstehen können, wenn wir uns bewußt machen, daß unser Körper wirklich ein Ausdruck unserer Seele ist? Der Mensch ist nicht in die Dreiheit Körper, Geist und Seele gespalten, er ist ein einheitliches Ganzes, dessen »Selbst« – die Seele – sich geistig und körperlich offenbaren will. Vielleicht verfügen wir nicht zuletzt deswegen über zwei Möglichkeiten zur Erkenntnis, von denen jedoch immer nur beide gemeinsam zur Erkenntnis der Wahrheit führen: den Geist und den Körper!

Doch bleiben wir noch ein wenig bei den körperlichen Vorgängen, die das Gehirn steuert.

Jede Muskelbewegung im Körper wird durch einen Impuls vom Gehirn gesteuert. Der Impuls wird vom Gehirn über die Nerven geleitet und veranlaßt den Muskel, die gewünschte Bewegung auszuführen. Vereinfacht ausgedrückt könnte man sagen, daß der Muskel ein Befehlsempfänger ist, der das ausführt, was ihm »von oben« aufgetragen wird. Eine Ausnahme bildet der sogenannte einfache Muskelreflex, der auftritt, wenn eine Bewegung auf Rückenmarksebene erfolgt, das heißt, ein Reiz wird von einem bestimmten sensiblen Nerv wahrgenommen und, ohne daß er bewußt vom Großhirn registriert wird, von im Rückenmark liegenden Nerven umgeschaltet und auf Nervenfasern umgeleitet, die für entsprechende Muskelkontraktionen zuständig sind. Neben diesen einfachen Reflexen, die eine Schutzfunktion für den Körper haben, zum Beispiel das unwillkürliche Zurückziehen einer Hand beim Griff auf eine heiße Herdplatte, gibt es eine Fülle von komplexen Reflexen, die über körpergeschaltete Nervenzentren laufen, zum Teil allerdings so, daß sie uns unbewußt bleiben. Ein Beispiel für einen komplexen Reflex ist es, wenn wir den Kopf einziehen, um uns vor einem Schlag ins Gesicht zu schützen (Reflex: Demutshaltung).

Wenn wir den Kopf einziehen, die Körperhaltung gebeugt ist und die Wirbelsäule einen Knick hat, ist auch das in ihr eingelagerte Rückenmark abgeknickt. Dies ergibt den Effekt wie bei einem geknickten Wasserschlauch: Die Nervenimpulse können unterbrochen werden, wodurch die Kommunikation zwischen Gehirn und Körper gestört wird. Es entsteht eine Art Leitungsstörung. »Bei normaler Lage der Wirbel (im Fall einer aufrechten Wirbelsäule) sind die Öffnungen genügend groß, um den von der Wirbelsäule austretenden Nervenkabeln Platz zu lassen sowie auch den mit dem Rückenmark in Verbindung stehenden Blut- und Lymphgefäßen, die durch dieselben Öffnungen ein- und austreten.«

Durch eine Verschiebung der Wirbel, die durch einen »Knick« in der Wirbelsäule – eine Fehlhaltung – hervorgerufen wird, »sind die Aussparungen oder Zwischenwirbellöcher so verkleinert, daß die Nervenbahnen eingeklemmt werden. Hierdurch entsteht, bildlich gesprochen, eine Unterbrechung der Leitungen. Dadurch kommt es zu Schmerzen in der Wirbelsäule selbst oder in den Extremitäten oder zu Funktionsstörungen in den Organen, die durch diese eingeklemmten Nervenleitungen normalerweise mit Nerven und Lebenskraft versehen werden. Als eine Folge der verminderten Nervenkraft treten Funktionsstörungen auf ... Gestörte Nervenfunktion bedeutet damit eine Desorganisation der Tätigkeit der betreffenden Organe mit darauf folgender Schlaffheit, herabgesetzter Vitalität, krankhafter Veränderung des Immunsystems und damit wachsend vermehrter Empfänglichkeit für Bakterien- und Virenangriffe.

Die Krankheitssymptome wechseln je nachdem, welche Nervenstränge oder Nervenbündel von den Verschiebungen (der Wirbel) in Mitleidenschaft gezogen werden. Daraus folgt, daß jeder Wirbel durch seine Lage im Verhältnis zu den Nervenkabeln für bestimmte Krankheitsgruppen zuständig ist.

Wenn man durch geeignete Methoden die innere gegenseitige Lage der Wirbel zueinander untersucht, kann man oft die gemeinsame Ursache einer großen Zahl von Krankheiten herausfinden und durch Richtigstellung der verschobenen Wirbel die in Frage kommenden Symptome zum Verschwinden bringen.« (11)

Wie Sie sehen, dringen wir immer tiefer in das Geheimnis unseres Körpers ein. Je mehr wir dies tun, um so mehr eröffnet sich uns das Wunder unseres Körpers. Wir wollen dieses Buch aber anschaulich und leicht verständlich gestalten, damit Sie Ihren Körper besser kennenlernen können. Denn wir sprechen hier nicht von irgendeinem Körper – wir sprechen von IHREM Körper!

Wie arbeiten die Muskeln?

Die Muskeln sind für die Beweglichkeit unseres Skeletts zuständig. Sie ermöglichen uns jede Art von körperlicher Bewegung. Im menschlichen Körper gibt es zwei Arten von Muskeln: die glatten Muskeln, wie sie in den Magen- und Darmwänden zu finden sind, deren Arbeit nicht durch Willensimpulse zu beeinflussen ist, sowie die quergestreifte oder Skelettmuskulatur, die der Kontrolle des Willens untersteht. Eine Sonderform der quergestreiften Muskulatur bildet die Herzmuskulatur.

In unserem Fall interessiert uns im Hinblick auf die Körperhaltung nur die Skelettmuskulatur. Sie ist zur schnellen Verkürzung und Erschlaffung fähig und dient vor allem den Körperbewegungen und der Körperhaltung, also dem Ausdruck »innerer Bewegtheit«. Die Skelettmuskeln bestehen aus Muskelfasern, die durch Bindegewebe zusammengehalten werden. Die Muskeln werden von Nerven und Blutgefäßen versorgt. Die Nerven, die in den Muskeln enden wie ein elektrisches Kabel an einer Glühbirne, werden als motorische Nerven bezeichnet. Sie münden im Muskel in eine sogenannte motorische Endplatte, die den Nervenimpuls an die Muskelzellen weitergibt. Die Reizübertragung von Nerv zu Muskel ist ein hochkomplizierter biochemischer Vorgang. Für uns reicht es, zu wissen, daß die Muskeln in engster Verbindung mit den Nerven stehen, die sie dirigieren. Daher können Muskelleiden durch die zum Muskel gehörenden Nerven verursacht werden. Es ist aber auch möglich, daß verschiedene Muskeln oder Sehnen durch ständige Fehlhaltung pausenlos überlastet, das heißt übermäßig gedehnt oder gespannt sind – oder verkürzt wie die Gegenspielermuskeln.

Die folgende Zeichnung zeigt die Muskeln, die für die Bewegung des Kopfes und des Oberkörpers (Hals, Nacken, Arme, Schultern) zuständig und oft als erstes von Fehlhaltung betroffen sind.

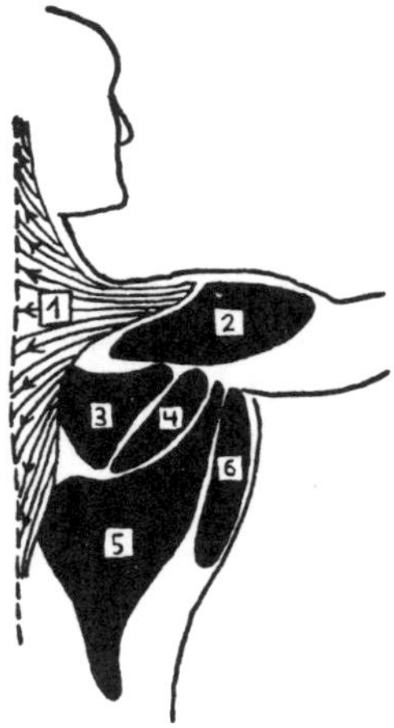

1. Der Trapezmuskel: Er zieht das Schulterblatt zur Wirbelsäule hin und dreht es. Er hilft beim Heraufziehen der Schultern und beim Strecken und Drehen des Halses.

2. Der Deltamuskel: Er hebt den Arm vom Körper weg und dreht ihn in verschiedene Richtungen.

3. Der untere Gratmuskel: Er dreht den Arm auswärts.

4. Der große Rundmuskel: Er unterstützt die Armbewegung.

5. Der breite Rückenmuskel: Er heftet Arme und Schultern an die Wirbelsäule und zieht den erhobenen Arm nach unten und nach hinten, wie bei einer Schwimmbewegung.

6. Der Brustmuskel: Er zieht den Arm zum Körper hin.

Die häufigste und am weitesten verbreitete Reaktion auf eine geknickte Körperhaltung sind Muskelschmerzen. Die Muskeln sind direkt mit unserem Skelett verbunden und bilden eine Brücke über ein oder mehrere Gelenke. Sie führen die Bewegung aus, die uns in eine bestimmte Körperhaltung bringt. Wenn wir ständig in einer deformierten Körperhaltung bleiben, werden einige Muskeln ständig überlastet, dagegen sind andere ihrer eigentlichen Aufgabe enthoben. Daher stehen Haltungsschäden immer mit Muskelverspannungen im Rücken und Nacken in Verbindung, die sehr oft auch das erste Anzeichen für die Wirbelsäulenverkrümmung sind. Muskelverspannungen sind also das bekannteste und offensichtlichste Symptom für eine falsche Körperhaltung. Die Folge einer Wirbelsäulenverkrümmung beschränkt sich jedoch nicht allein auf die Muskulatur. Wie wir bereits wissen, kann sie sich bis in die Drüsen- und Organfunktionen hinein auswirken. Aus diesem Grund können Folgeerscheinungen wie Migräne, asthmatische Beschwerden und Atemstörungen, Herzbeschwerden, Magenbeschwerden, Verdauungsbeschwerden bis hin zu Unterleibsstörungen oft mit einer Verkrümmung der Wirbelsäule in Verbindung gebracht werden.

Das Aufrichten der Wirbelsäule ist nicht nur für diejenigen unter uns nötig, die unter Rückenschmerzen leiden. Da die bekannten Rückenschmerzen jedoch ein deutliches Alarmsignal des Körpers sind, unsere Haltung zu ändern, finden Sie nachfolgend eine kurze Darstellung der häufigsten Rückenleiden.

Die Diagnosen der häufigsten Rückenleiden

Alle diagnostizierten Rückenleiden sind nur manifestierte Folgezustände oft nichterkannter Ursachen. Eine Diagnose hat nichts mit der Krankheitsursache zu tun. »Diagnose« (griech.) heißt Erkennen, Feststellen einer Krankheit. Alle Rückenleiden werden daher in ein bestimmtes Schema der äußeren Erscheinungsformen eingeordnet, wobei die seelische Ursache meist unberücksichtigt bleibt.

Wir wollen aber bei den verschiedenen Diagnosen auf den ursächlichen Zusammenhang des betreffenden Rückenleidens eingehen, denn die innere Haltung findet immer Ausdruck in unserem Körper!

Unser Rücken speichert traumatische oder schmerzliche Erlebnisse. In dem Phänomen der Körpersprache hat der Körper als Ausdruck der seelischen oder psychischen Reaktion in diesem schockähnlichen Zustand eine Haltung eingenommen, die in ihren Ansätzen unter Umständen noch Jahrzehnte später als Fehlhaltung sichtbar ist und deren jahrelange Fehlbelastungen entsprechende Folgen haben. Die Ursache einer Fehlhaltung muß aber nicht immer eine tief einschneidende Begebenheit im Leben sein. Sie kann ebensogut durch eine Lebenssituation hervorgerufen werden, die als Belastung empfunden wird, die uns, im wahrsten Sinne des Wortes, bedrückt. Das Rückgrat bildet die Basis für die psychische Last, die mancher von uns schon sehr früh in seiner Kindheit zu tragen hatte. Auf körperlicher Ebene kommt hier die psychische Schutzhaltung zum Ausdruck. Sicherlich verwendet der Volksmund ganz richtig den Ausdruck: »Sein Kreuz tragen.« Das Schicksal, das wir in diesem Leben als individuell auf uns zugeschnittene Schule zugedacht bekommen haben, ist aber auch unsere Chance, um zu wachsen – so absurd uns dies manchmal auch erscheinen mag!

Die Beschwerden in unserem Körper treten oft erst relativ spät im Leben auf, obwohl die Fehlhaltung in ihren Ansätzen schon sehr früh vorhanden war. Da das Leben mit den Jahren im wörtlichsten Sinne immer wieder »in die gleiche Kerbe schlägt«, in den ganz individuellen Knick in der Wirbelsäule, manifestiert sich die Fehlhaltung mehr und mehr. Der Knick in der Wirbelsäule ist die bereits angelegte Schwachstelle in unserem Rückgrat, weshalb diese Stelle die sich wiederholenden Schläge bereitwillig auffing und uns immer wieder in die uns schon seit der Kindheit belastende Situation bringt. Dieser Zustand spiegelt sich bildhaft in unserem »Geknicktsein«, Deprimiertsein oder Bedrücktsein wider.

Es ist wichtig, daß wir den Körper und die körperlichen Vorgänge tatsächlich als Ausdruck unseres inneren Geschehens *begreifen*. Dies bedeutet auch, daß wir uns von unserem intellektuellen Verständnis her eine Vorstellung über die körperlichen Zusammenhänge machen können. Und daß wir in bezug auf eine Rückenleidendiagnose verstehen, daß eine Röntgenaufnahme von unserem Rückgrat immer nur eine »Momentaufnahme« ist, und zwar in zweierlei Hinsicht.

1. Eine Momentaufnahme unserer Wirbelsäule, in dem Moment, in dem die Aufnahme gemacht wurde. Je nach innerseelischem Geschehen kann die Wirbelsäule im nächsten Augenblick oder in der nächsten Zeit eine ganz andere Haltung einnehmen.

2. Eine Momentaufnahme in der Hinsicht, daß uns das Röntgenbild eine Sicht auf die Vergangenheit liefert. Das Röntgenbild zeigt unsere Wirbelsäule als Ausdruck auf eine bestimmte Situation oder sich wiederholende Situationen, die sich in einer Verkrümmung niedergeschlagen haben.

Fehlhaltungen können auch bei Menschen auftreten, die mit ganz besonderen Körpermerkmalen auf die Welt gekommen sind. Dazu gehören Menschen, die überdurchschnittlich groß sind. Wenn Kinder beispielsweise größer werden als ihre Eltern, neigen sie dazu, sich kleiner zu machen und sich nach unten zu ducken. Diese Menschen haben gespürt, daß ihr inneres Wachstum (die ihrem Alter entsprechende seelische Reife) ihrem Äußeren (ihrer Körpergröße) noch gar nicht entsprechen kann. Auch mußten große Kinder oft schon in jungen Jahren übermäßig viel Verantwortung tragen. Es wurden Erwartungen an sie gestellt, die eigentlich Erwachsenen entsprechen. Und umgekehrt: Äußere Verantwortungslast ließ viele Kinder zu früh in die Höhe »schießen«. Dies war etwa bei vielen jungen Männern der Fall, deren Vater im Krieg gefallen ist und die daraufhin zu Hause diesen Elternteil vertreten mußten. Oder bei Jungen, deren Mutter sich scheiden ließ und ihrem pubertären Sohn die Rolle des »Mannes im Haus« übertrug. Der Körper verändert sich in diesem Falle nicht nur aufgrund belastender Situationen, sondern er reagiert als ein Stück Natur auf einen Mangel mit extrem schneller Entwicklung. Das verstärkte Wachstum stellt eine Körperreaktion auf das Bedürfnis der Lebensumstände dar.

Verkrümmungen der Wirbelsäule verursachen die verschiedensten Symptome und ziehen unzählige Folgeerscheinungen nach sich. Ganz bewußt verzichten wir auf Diagnosen, die in medizinischen Fachbüchern als unheilbar bezeichnet werden. Es gibt kein stärkeres Mittel als die Kraft unserer Vorstellung. Wenn wir uns vorstellen, daß ein Zustand positiv verändert werden kann, kann diese Vorstellung genauso stark sein wie die Vorstellung, »unheilbar« krank zu sein, und beides hat – wie jeder Gedanke – die Tendenz, sich zu verwirklichen. Von Wirbelsäulenverkrümmungen verursachte Symptome können sein:

1. Muskelhärten (Myogelosen): Muskelhärten sind knotige Verdickungen in der Rückenmuskulatur. Sie weisen darauf hin, daß der Stoffwechsel eines Muskels nicht mehr einwandfrei funktioniert. Das Ergebnis von Muskelhärten ist eine Verschlechterung der Durchblutung und somit eine weitere Verkrampfung der Muskulatur, wodurch sich die Myogelosen immer weiter vermehren, vergrößern und verhärten.

2. Muskuläre Verspannungen des Rückens: Verkrampfungen entstehen immer dann, wenn bei einem Menschen ein Mißverhältnis zwischen Belastung und Belastbarkeit entsteht.

3. LWS-Syndrom (Lendenwirbelsäulensyndrom): Kennzeichen für das LWS-Syndrom ist ein tiefer, bohrender Schmerz im Kreuz- und Lendenbereich.

Beschwerden im Bereich der Lendenwirbelsäule sind deshalb sehr häufig, weil dieser Abschnitt der Wirbelsäule das nicht unerhebliche Gewicht unseres Rumpfes auszubalancieren hat und Fehlbelastungen und Verkrümmungen der Wirbelsäule ausgleichen muß.

4. Bandscheibenvorfall: 95 Prozent aller Bandscheibenvorfälle ereignen sich im Bereich der Lendenwirbelsäule. Bei einem Bandscheibenvorfall lösen sich brüchig gewordene Teile aus dem Faserring der Bandscheiben und treten in ihre Umgebung aus. Meist verändert sich damit auch die Form des Gallertkernes. Wenn der Faserring durch ständige Überbelastung im Laufe der Zeit porös geworden ist, kann der Gallertkern durch heftige Bewegungen, plötzliches Bücken, ruckartiges Aufrichten oder schweres Heben durch Risse im Faserring herausgepreßt werden und auf den benachbarten Nerv drücken, der dort aus dem Rückenmark heraustritt.

5. Ischiasbeschwerden: Der losgelöste Teil einer Bandscheibe trifft auf eine Nervenwurzel. Der Nerv reagiert mit heftigen Schmerzen. Die typischen Ischiasschmerzen treten seitlich des Kreuzbeins auf und ziehen mitten durch die Gesäßbacke den Oberschenkel hinab bis zum Knie und durch die Wade bis zum äußeren Knöchel. Ischiasschmerzen gibt es in sehr unterschiedlichen Schweregraden.

6. Der sogenannte »Rundrücken«: Der »Rundrücken« könnte ebensogut der »Nadelkurven-Hals« heißen. Ohne einen Knick in der Halswirbelsäule kann der »Rundrücken« gar nicht entstehen, außer in seltenen Fällen durch Verletzungen. In Verbindung mit dem Rundrücken tritt das kompensatorische Hohlkreuz auf. Bedingt durch den Knick in der Halswirbelsäule verkürzen sich die muskulären und sehnigen Verbindungen zwischen Schädel und Rumpf im Nackenbereich. Diese Verkürzungen wirken auf den nach vorne gebogenen Hals wie eine Klammer, die den Hals verengt. Daher

können beim »Rundrücken« die Folgeerscheinungen auftreten, die mit einer Verschiebung der Halswirbel verbunden sind.

Kein Symptom in der Wirbelsäule kann isoliert gesehen werden. Es gibt niemals nur eine Verschiebung in der Wirbelsäule, alles wirkt sich auf die gesamte »Säule« der Wirbel aus. Wenn bei einem Turm ein Teil versetzt wird, verschiebt sich zwangsläufig die gesamte Statik des Turms. Es muß immer eine kompensatorische Bewegung geben, die zur »Aufrechterhaltung« des ganzen Turms notwendig ist.

7. HWS-Syndrom (Halswirbelsäulensyndrom): Beschwerden im Bereich der Halswirbelsäule sind eng gekoppelt mit der Hals- und Nackenmuskulatur. Die Halswirbelsäule, die den Kopf trägt, ist neben der Lendenwirbelsäule der beweglichste Teil der Wirbelsäule. Knicks manifestieren sich am schnellsten in der Halswirbelsäule, da wir in diesem Bereich ständig in Aktion sind. Mit unserer Körpersprache reagieren wir in diesem Teil der Wirbelsäule am stärksten: Wir lassen den Kopf hängen, wir bewegen den Kopf in einer ganz bestimmten Weise, wenn wir neugierig oder vorsichtig sind, in Wut geraten oder Distanz zum Ausdruck bringen wollen. Der oberste Teil der Wirbelsäule gibt uns die Möglichkeit, den Kopf zu drehen. Daher verfügen wir in diesem Bereich über die größten Ausdrucksmöglichkeiten, sind hier aber gleichzeitig auch am empfänglichsten für die sogenannten »Nackenschläge«. Die Halswirbelsäule ist der Bereich, in dem die Lebenssituationen ihren Eindruck hinterlassen und ihren Niederschlag finden. Die Halswirbelsäule ist aber auch der Körperteil, in dem sich unsere Bewegtheit im Leben am deutlichsten manifestiert und äußert. Sie bildet die Brücke zwischen dem Gehirn und dem Körper – dem Steuerorgan und dem ausführenden Organ.

Eine andere Folgeerscheinung eines Knicks in der Halswirbelsäule ist Migräne. Rechts und links im Wirbelkanal der Halswirbelsäule verläuft die »Arteria vertebralis«, eine Arterie, die sauerstoffangereichertes Blut zum Gehirn transportiert. Durch einen Knick in der Halswirbelsäule kann auch diese Arterie geknickt sein, was zu einer Minderdurchblutung im Gehirn führt.

8. Schulter-Arm-Syndrom: Der Druckreiz »ver«störter Nerven in der Halswirbelsäule hat einen großen Ausstrahlungsradius, der von quälender Migräne bis zu extremen Schmerzen im Schulter-Arm-Bereich reichen kann. (Auch die Nerven für diesen Bereich treten aus der Halswirbelsäule aus!) Beim Schulter-Arm-Syndrom kann jede Armbewegung mit Schmerzen verbunden sein. Ein typisches Merkmal für dieses Rükkenleiden ist eine ausgeprägte Schwäche im Arm. Im fortgeschrittenen Stadium des Schulter-Arm-Syndroms ist es kaum mehr möglich, die Arme nach hinten zu führen.

9. Sogenannte »Haltungsschäden«: Ein Haltungsschaden ist eine Abweichung von der aufrechten Wirbelsäule. Dazu zählen: der »Rundrücken«, der »Flachrücken« (Steilhaltung der Wirbelsäule), das »Hohlkreuz« (Lendenlordose) und die Skoliose (seitliche Verkrümmung der Wirbelsäule). Durch den »Rundrücken«, der immer mit einem Knick in der Halswirbelsäule verbunden ist, werden die Bandscheiben in Fehlwinkeln zusammengedrückt. Ebenso wie beim »Hohlkreuz« werden die beteiligten Wirbel, Knorpel und Bänder in ihrem Bedürfnis nach Ausgleich übermäßig beansprucht. Die Muskeln sind von jeder Haltungsabweichung stark betroffen. Oft findet zusätzlich eine seitliche Verschiebung der Wirbelsäule (Skoliose) statt, wodurch die Statik des Körpers noch stärker beeinträchtigt wird. Die Skoliose bewirkt eine Asymmetrie des Rückens zur Seite hin, dadurch wird wiederum das muskuläre Gleichgewicht gestört.

In jedem Fall versucht der Körper diese Verschiebung auszugleichen, was zu Muskelverhärtungen und schmerzhaften Verspannungen der überstrapazierten Muskulatur führt. Auf diese Weise kommen alle oben beschriebenen Symptome zustande: die Schulter-Arm-Steife, der Bandscheibenvorfall, die Nackenschmerzen, Migräne und vieles mehr. Durch den Haltungsschaden werden die Nerven in Mitleidenschaft gezogen, was logischerweise wiederum Auswirkungen hat auf die Drüsen- und Organversorgung und viele andere Körperfunktionen. Das Ungleichgewicht im Skelett verursacht also eine Fülle von Folgeerscheinungen.

Haben wir uns schon einmal gefragt, woher eine Skoliose kommen kann? Welche Tätigkeit üben wir aus, bei der wir uns immer auf eine Seite neigen (typischer Fall: Zahnarzt)? Auf welcher Seite »haken« wir uns bei einem kleineren Menschen »unter«, wenn wir mit ihm spazierengehen? Auf welcher Seite tragen wir gewöhnlich unsere Umhängetasche? Welche Seite unseres Körpers belasten wir durch eine uns liebgewordene Sportart oder Tätigkeit besonders? Bei fast allen Menschen tritt die Skoliose in der »aktiven« Körperhälfte, der sogenannten »Schreibseite« (bei Linkshändern die linke, bei Rechtshändern die rechte Seite) auf.

Schmerz ist nichts anderes als ein Aufschrei unseres Körpers mit all seinen Wirbeln, Muskeln, Bändern, Organen bis hin zur Haut. Schmerz ist aber auch der Hilfeschrei unseres Wesens, wenn wir empfinden, daß unser Körper – unsere Wirbelsäule ist seine Basis – als Hülle unseres Wesens und unseres Bewußtseins verletzt ist. Jeder Muskel und jeder Wirbel besitzt sein eigenes Bewußt-Sein und damit seinen eigenen Platz im Steuerungsorgan Gehirn. Jeder Teil unseres Körpers wartet nur darauf, in unser intellektuelles Wahrnehmungsbewußtsein eingegliedert zu werden, um uns die Möglichkeit unserer unermeßlichen Flexibilität eröffnen zu können! Auf diese Weise können wir Handwerker Gottes werden, indem wir wie ein Töpfer unseren Körper zu einem Gefäß für das göttliche Bewußtsein machen.

Was bringt die Körperhaltung zum Ausdruck?

Der in Neuseeland geborene Heilpraktiker und Osteopathologe Frederick Matthias Alexander (1869–1955) ist der Begründer der bekannten Alexander-Technik, einer Umerziehungsmethode, die darauf abzielt, Haltungsfehler zu beheben und bewußtzumachen. Alexander war ursprünglich ein bekannter Rezitator, der jedoch während seiner Auftritte von einem unerklärlichen Stimmverlust gequält wurde. In einem seiner Bücher schreibt er, daß er mit Hilfe eines Spiegels nach monatelanger Selbstbeobachtung herausfand, was die Ursache für seinen Stimmverlust war. Die Krise stellte sich jedesmal ein, wenn er den Kehlkopf nach unten drückte und den Kopf im Genick scharf nach hinten anwinkelte. Bei dieser Fehlhaltung entstand ein starker Knick in der Halswirbelsäule. Seine Beschwerden ließen sofort nach, wenn er das Kinn nach unten anwinkelte und den Hinterkopf nach oben reckte. Dazu schrieb Alexander: »Als ich bei dem Versuch, die Funktion meiner Stimmorgane zu verbessern, damit experimentierte, meinen Körper auf verschiedene Weise zu gebrauchen, entdeckte ich, daß ein bestimmter Gebrauch des Kopfes und des Halses (im Verhältnis zum Rumpf) ... eine ›Primäre Kontrolle‹ über den Organismus als Ganzes ausübt.« (12)

Der achtzigjährige George Bernhard Shaw, der Alexander wegen Angina pectoris aufsuchte und durch ihn geheilt wurde, berichtet, daß ihn Alexander darauf aufmerksam machte, daß die meisten Leute in London falsch gingen, weil sie ständig ihre Wirbelsäule zusammendrückten. Bei seinem ersten Besuch in London sei er geradezu entsetzt gewesen: »Eine Stadt von Gebeugten!« (13)

Viele Körperhaltungen beginnen gar nicht als eigentliche emotionale Reaktionen, sondern ergeben sich vielmehr aus dem Gebrauch des Körpers in sich wiederholenden Arbeitssituationen. Eine Schreibkraft, ein Ingenieur am Fließband, ein Lastwagenfahrer ... führen bestimmte Tätigkeiten so oft aus, daß sie schließlich die entsprechenden verkrampften Haltungen selbst dann einnehmen, wenn Druck und Belastungen ihrer Arbeit nicht mehr vorhanden sind; nach einer gewissen Zeit bleibt fast ständig eine unbewußte Verspannung bestehen. Die Summe aller eingenommenen Körperstellungen findet schließlich ihren Ausdruck in einer Körperhaltung – oder in einer begrenzten Zahl von verschiedenen Körperhaltungen –, die den Charakter der jeweiligen Person prägt. Diese behindernden Körperhaltungen werden durch die Kräftigung bestimmter Muskelgruppen verursacht, die nie richtig entspannt werden. Irgendwann einmal ist es dann leichter, sich im Rahmen des auf diese Weise entstandenen starren Korsetts zu bewegen. Schrittweise und zunächst unauffällig werden wir so zu Sklaven unserer Vergangenheit. Alexander erkannte, wie man Menschen helfen müßte, ihr Leben neu zu strukturieren, damit sie nicht Opfer ihrer Vergangenheit bleiben. (14)

Die Beobachtung und Beseitigung seines eigenen Haltungsschadens führte Alexander zu der Erkenntnis, daß der Haltung des Rückgrats, besonders des Kopfes und des Nackens, eine Schlüsselbedeutung zukommt. Seiner Meinung nach gibt es eine von Natur aus richtige Körperhaltung, die ein Funktionieren des Körpers auf jeder Ebene zur Folge hat.

Andrew Tayler Still (1828–1917), der Begründer der Osteopathie (Knochenheilkunde), war der Ansicht, daß zwischen Wirbelsäule und allgemeinem Gesundheitszustand ein enger Zusammenhang besteht. Seine Beobachtungen als Arzt führten ihn zu der Entdeckung, daß sich fast alle Erkrankungen auf eine Schädigung der Wirbelsäule zurückführen lassen. Den Grund dafür sah er darin, daß die Organe ungenügend versorgt werden, wenn die Nervenstränge im Rückgrat eingeklemmt oder unterbrochen sind.

Auch der Begründer der Chiropraktik, Daniel David Palmer (1845 bis 1913), glaubte, daß Verschiebungen der Wirbelsäule die Ursache für viele Krankheiten sind, angefangen bei Migräne bis hin zu Asthma und Schuppenflechte. Die Behandlung der Chiropraktiker richtet sich daher nicht auf die Symptome, sondern auf die Korrektur der Skelettverschiebung, welche die Krankheit verursacht hat.

«... seit Alexanders Tod wurden seine Verfahren ständig weiterentwickelt. Zweifellos müssen noch viele weitere Wege erprobt und jene, die sich als verkehrt erweisen, wieder aufgegeben werden ... Der Gebrauch des Körpers, den ich hier beschreibe, ist der beste, den ich entdecken konnte, und so, wie ich ihn beschreibe, funktioniert er gut. Aber es kann kein Zweifel daran bestehen, daß schließlich einmal viel bessere Wege gefunden werden, um diesen neuen Ansatz (die Alexander-Technik) zu beschreiben und zu verbessern«, äußert sich Wilfried Barlow, ein Schüler Alexanders.

Die Alta-Major-Methode kann als eine solche Weiterentwicklung bezeichnet werden, wobei es bei Alta-Major jedoch um die gezielte und stufenweise Wahrnehmung und Reaktivierung der einzelnen Wirbelsäulenabschnitte geht. Es ist eine hochkonzentrierte Wahrnehmung, die dem Gehirn jeden einzelnen Wirbel neu einprägt und dies als bewegliche Aktivität wieder abrufen kann.

Die Entwicklung der Wirbelsäule ist erst mit dem 21. bis 25. Lebensjahr abgeschlossen. Der Säugling hat noch eine völlig gerade Wirbelsäule. Bis ins Erwachsenenalter formt sich unsere Wirbelsäule, und sie verformt sich beim Erwachsenen, je nachdem, in welche Haltung er sich zwängen mußte. Grob unterteilt könnte man sagen, es gibt drei typische Körperhaltungen:

1. *Den Kopf einziehen – sich ducken – die Schultern hängenlassen:* »Die Angst sitzt im Nacken« (nächste Seite linke Abbildung).

Diese Haltung drückt Angst, Depression und Resignation aus. Der Blick ist abwärts gerichtet, der Blickwinkel ist von den Enttäuschungen der Vergangenheit geprägt. Als Gefangener dieser Körperhaltung, die der Vergangenheit angehört, ist es schwer, bewußt in der Gegenwart zu leben.

2. *Den Kopf hochmütig in den Nacken werfen – die Brust nach vorne wölben – ein Hohlkreuz machen – die Schultern anheben:* »Rutsch mir doch den Buckel hinunter« (nächste Seite rechte Abbildung).

Diese Haltung drückt Überheblichkeit aus, man will nichts

an sich heranlassen, den anderen abweisen oder auch »mehr scheinen als sein«. Der Blick ist nach oben gerichtet, aus Enttäuschung über die Gegenwart schaut man immer in die Zukunft. Die Erwartung hält einen davon ab, im Hier und Jetzt zu sein.

3. Lineal verschluckt – den Intellekt (Kopf) betonen – die Arme streng am Körper halten – jede Bewegung unter Kontrolle haben – sich versteifen: »Sich etwas verkneifen« (nächste Seite linke Abbildung).

Diese Haltung drückt Verzicht und Kontrolle aus. Der Musterschüler, der ernste Denker, der Asket, der sich keine Lebensfreude und Lebendigkeit gönnt, der Angst hat, Fehler zu machen und nicht perfekt zu sein. Sein Blick ist stur nach vorne gerichtet auf die nüchterne Realität und Pflichterfüllung. Seine Steifheit hält ihn davon ab, im Hier und Jetzt lebendig und flexibel zu sein (nächste Seite rechte Abbildung).

Jede der hier beschriebenen Körperhaltungen ist eine Schutzhaltung. Wir schützen unseren exponiertesten und wertvollsten Körperteil, unseren Kopf, indem wir ihn einziehen und zwischen den Schultern bergen wollen. Wir schützen uns vor den verletzenden Angriffen unserer Umwelt – als Kinder vor den Schlägen unserer Eltern und später vor allen Demütigungen und Niederlagen, die wir im zwischenmenschlichen Bereich erleiden müssen. Ein Knick in der Wirbelsäule entsteht entweder durch ein schockartiges (traumatisches) Erlebnis, durch wiederholte belastende Situationen oder durch eine Verletzung oder einen Unfall (Schleudertrauma!). In jedem Fall hat unser Körper eine Haltung eingenommen, die unserem inneren Wesen nicht mehr entspricht. Ein weiterer Grund, in eine Fehlhaltung zu verfallen, liegt in dem Nachahmungstrieb, den wir als Kinder hatten. Kinder schauen sich die Körperhaltung ihrer Eltern ab und ahmen sie nach. Mit der Zeit nehmen sie die gleiche Fehlhaltung ein und zeigen auch dasselbe äußere Ver»halten«!

Die sieben Halswirbel sind bis auf den obersten Wirbel, den

»Atlas«, der eine breite Auflagefläche hat, weil er den Kopf trägt, sehr zart. Die Halswirbelsäule bildet neben der Lendenwirbelsäule den flexibelsten Teil der Wirbelsäule. Der vier bis fünf Kilogramm schwere Kopf lastet auf dieser feingliedrigen Säule wie eine Rosenblüte auf dem zierlichen Stengel: Ein Wunder, daß der zarte Stiel nicht unter der Last zusammenbricht. Wenn er ganz gerade verläuft, trägt er die Blüte ohne Schwierigkeiten, aber knicken wir ihn an einer Stelle, kippt er samt der Blüte nach unten. Das passiert auch, wenn wir unsere Halswirbelsäule einknicken. Das Gewicht des Kopfes drückt sie nun immer mehr zusammen, so daß die Wirbelsäule immer gebeugter wird. Der zweite Knick in der Lendenwirbelsäule, der sich in dem weithin bekannten Hohlkreuz äußert, ist eine Gegenreaktion auf den Knick im Hals. Das Hohlkreuz versucht den oberen Knick quasi abzufangen und wieder auszugleichen, indem die Wirbelsäule eine kompensatorische Gegenbewegung macht. Dies bewahrt uns buchstäblich vor dem Zusammenbruch. Wir können uns einen Turm aus Bauklötzen vorstellen, um dies zu veranschaulichen. Wenn wir die oberen Klötze einzeln nach und nach verschieben, fällt das oberste Klötzchen schließlich herunter, und im schlimmsten Fall bricht der ganze Turm zusammen.

Welche Kraft müssen unsere Muskeln aufbringen, damit unsere verschobene Statik wieder ausgeglichen wird. Sie leisten dafür enorm viel Arbeit und sind über Jahre oder gar Jahrzehnte hinweg einem Dauerstreß unterworfen. Wird jetzt nicht verständlich, warum es gerade die Muskeln sind, die als erste schmerzen? Welche Erleichterung verschaffen wir ihnen, wenn wir uns endlich wieder aufrichten!

»Da ist zum Beispiel derjenige, der sofort in Abwehrhaltung geht und die Schultern hochzieht, wenn etwas ihn erschreckt. Ein anderer drückt durch hängende Schultern und einen vorgeneigten Kopf seine Unsicherheit in dieser Welt aus. Ein dritter bekundet durch aufgeblähten Brustkorb und einen betont aufrecht getragenen Kopf, den Blick eher nach oben gerichtet, daß er in seiner Bedeutsamkeit respektiert werden möchte. Aus dieser Sicht heraus lassen sich Verspannungen nicht durch einen medizinischen Eingriff lösen, sondern durch eine neue Haltung des Menschen, der sich über seinen Leib seiner selbst innewird.« (15)

Wie könnte diese neue Haltung aussehen? Wir wollen die neue aufrechte Körperhaltung »Buddha-Haltung« nennen, da der sitzende Buddha ein so eindrucksvolles Bild der Anmut und Demut des Aufrechtseins vermittelt, die sich in uns ver»körpern« möchte.

Was ist die Buddha-Haltung?

Buddha, vor fast 2500 Jahren geboren, lebte zunächst ein Leben voller Luxus, bis ihn Begegnungen mit menschlicher Not so anrührten, daß er freiwillig in ein extremes Asketentum verfiel, um dann den Weg der Mitte zu finden. Aufrecht sitzend unter dem Bodhi-Baum, erlangte er seine Erleuchtung.

Diese vollkommene Haltung ist für uns als Vorbild und Erinnerung in unzähligen Statuen erhalten geblieben, und auch wir westlichen Menschen sind von ihrer erhabenen und anmutigen Schönheit zutiefst berührt.

Der Buddha im Lotussitz sitzt völlig aufrecht. Sein Kopf ist in der Geraden der Schwerkraft frei mit dem Rumpf verbunden. Die aufrechte Halswirbelsäule bildet den Übergang vom Kosmos »Kopf« = Himmel zum Körper = Erde. Sein Kinn neigt sich ein klein wenig zur Brust hin. Die leichte Neigung, die den Buddha-Kopf in den rechten Winkel rückt, strahlt Wissen, Dankbarkeit und Demut aus. Es ist die Essenz dessen, was Buddha in seiner Erleuchtung erfahren hat und was er uns in seiner Lehre weitergeben will.

Den Kern seiner Lehre bilden die »vier edlen Wahrheiten«: vom Leiden, von der Entstehung des Leidens, der Vernichtung des Leidens und dem aus dem Leiden führenden Weg, der als der »edle achtfache« Pfad bekannt ist: rechte Anschauung, rechtes Wollen, rechtes Reden, rechtes Tun, rechtes Leben, rechtes Streben, rechtes Denken, rechtes Sichversenken. In dieser völligen Übereinstimmung von aufrechter Haltung und aufrechter Lebensgestaltung liegt die Möglichkeit zur Verwirklichung eines göttlichen Gedankens. Die Voraussetzung dafür ist der rechte Blickwinkel, aus dem heraus wir nicht mehr verurteilen und richten, sondern verzeihen lernen, zuerst uns selbst, um uns aus Schuldgefühlen (dem Gefühl, nicht recht gehandelt zu haben) zu befreien. Wir erlösen uns aus unserem Gebeugtsein und finden darin den Weg der Annahme unserer selbst und anderer. Was bei Buddha noch das Mitleiden ist, wird in der Christusbotschaft Mitfühlen und Liebe, was ja im auferstandenen Christus deutlich wird.

Diese Haltung bezeichnen wir als Demut. Die aufrechte Haltung ist weder Kleinmut noch Hochmut, sondern Anmut und Demut. Demut heißt nichts anderes, als daß ich voll und ganz ich selbst geworden bin und mich nun als Werkzeug für das Göttliche zur Verfügung stelle. Es ist die Hingabe an das Leben selbst. Ich bin stark aus mir selbst heraus, weil ich im Vollbesitz meiner Energien bin. Und erst wenn ich wirklich selbstbewußt geworden bin, kann ich eine höhere göttliche Instanz anerkennen und mich vertrauensvoll ihrer Führung überlassen. Wenn ich meinen Standpunkt gefunden habe, brauche ich keine Angst mehr zu haben, den Boden unter den Füßen zu verlieren. Wenn ich den rechten Blickwinkel habe, kann ich auch außen das erkennen, was ich in mir gefunden habe.

Kleinmut ist der Mut, sich zu verleugnen. Hochmut ist der überhöhte Mut zu einem falschen Selbstbild. Demut ist der Mut, nach innen zu gehen. Demut zeigt keine offensichtliche Verwandtschaft mehr mit dem eigentlichen Begriff »Mut«: Es ist der Mut zu Vertrauen, zum Loslassen in das Innere und Unbekannte – das Vertrauen zu einer inneren Aufrichtekraft, die bedingungslos »emporzieht«, wenn ich es zulassen will.

Demut ist Hingabe in dem Bewußtsein, daß der Kosmos oder das Leben mich liebt und daß es einen Sinn hat, daß ich hier bin. Demut ist das Vertrauen, daß die Erde mich in jedem Moment meines Lebens trägt, im wahrsten Sinne des Wortes.

Wir sind in jedem Augenblick mit einem Teil unseres Körpers mit der Erde verbunden. Die Erde ist unsere Mutter, und wir sind ein Teil von ihr, weil unser Körper Materie ist. Demut ist gleichzeitig das Vertrauen in die Schwerkraft, die uns zur Erde zieht und in die Aufrichtekraft führt, für die wir uns durch eine ganz bestimmte Körperhaltung bereit machen können (zu »Aufrichtekraft« siehe auch in Kapitel ›Bedeutet Leichtkraft »Lichtkraft«?‹).

Beim Aufrichten gehen die Schultern nach hinten und nach unten. Die Schulterblätter stellen sich parallel zur Körperachse und bewegen sich zur Wirbelsäule hin. Das Brustbein hebt sich nach oben. Dabei richtet sich die Halswirbelsäule automatisch auf. Es entsteht ein Zug oder eine Dehnung zwischen Schädelbasis und Schultergürtel. Die Schlüsselbeine in der Verbindung zum Schultergelenk senken sich und verlaufen waagrecht und parallel zur Erde. Geheimnisvolle Muskelreflexe setzen ein, um die Aufrichtekraft voll wirksam werden zu lassen. Dies hat starke Auswirkungen auf das Geschehen im Schädel und damit auch auf die Sinnesorgane und die Wahrnehmung.

Der rechte Winkel der Blickrichtung ist nur in einer aufrechten Körperhaltung möglich. Die Blickrichtung befindet sich dann in einem rechten Winkel zur Kopfachse und zur gesamten Körperachse. Was wir als »das Leben aus dem rechten Blickwinkel betrachten« bezeichnen, wird aus dieser Perspektive sehr logisch und einsichtig.

Was hat die aufrechte Körperhaltung mit dem rechten Blickwinkel zu tun?

Wie wir das Leben wahrnehmen und wie wir von anderen Menschen gesehen werden, hängt mit dem Blickwinkel zusammen, aus dem wir die Welt betrachten. Wenn wir beispielsweise aus der hochmütigen Haltung heraus auf das Leben blicken, nehmen wir alles aus dem Winkel wahr, in dem sich unsere Blickrichtung durch den Knick in der Halswirbelsäule befindet. Natürlich werden wir umgekehrt auch in dieser Haltung wahrgenommen. Die Reaktion, die wir von unserer Umwelt erhalten, spiegelt uns unsere Haltung wider. Was aber ist Wahrnehmung eigentlich?

Das Wort »Wahrnehmung« setzt sich aus den beiden Wörtern »wahr« und »nehmen« zusammen. Bei der Wahrnehmung geht es also darum, etwas für wahr zu nehmen. Sinngemäß ist unsere Wahrnehmung das, was wir in uns einfließen lassen. Daher ist es ganz entscheidend, wie sehr wir uns für die Welt öffnen und mit welchem Blick wir anderen Menschen begegnen. Wir können nur das wahrnehmen, was in uns Resonanz hat, wofür wir offen sind und ein »Empfangsorgan« besitzen. Wahrnehmung findet über unsere fünf Sinne statt: Wir sehen, hören, riechen, schmecken und tasten unsere Umwelt. Je nachdem, in welcher Haltung wir uns befinden, kann sich uns das Leben nur so zeigen, wie wir es aus dieser Haltung heraus in uns einfließen lassen. Welche Haltung wir dem Leben gegenüber einnehmen, zeigt sich ganz deutlich an unserem Blick, der den Grad unserer Offenheit zeigt. Wir können dies sehr gut bei Kindern beobachten, deren Blick noch völlig offen und unvoreingenommen ist. Das heißt, noch ohne Wertung und Urteil. Urteil entsteht durch den Vergleich des Wahrgenommenen mit der Erinnerung an ähnliche Erfahrungen oder Erwartungen. Unsere Erinnerungen und Erwartungen spielen immer mit in unsere Wahrnehmung der Realität hinein, wenn wir nicht völlig offen sind und das Leben im wahrsten Sinne des Wortes »aus dem rechten Blickwinkel« betrachten.

Was also nehmen wir als unsere Realität wahr? Die nachfolgende Übung kann Ihnen eine Vorstellung davon geben, aus welchem Blickwinkel Sie die Welt betrachten:

Übung:

Setzen Sie sich vor einen Spiegel auf einen Hocker. Rutschen Sie mit den Sitzhöckern möglichst an die Vorderkante des Stuhls. Nehmen Sie nun Ihre »normale« Sitzhaltung ein, so wie Sie glauben, an Ihrem Arbeitsplatz oder zu Hause von Ihrer Familie gesehen zu werden. Blicken Sie sich im Spiegel in die Augen. Legen Sie nun beide Hände mit den Außenflächen zusammen auf das Brustbein und schieben es nach oben. Achten Sie darauf, daß Sie dabei immer in Augenkontakt mit Ihrem Spiegelbild bleiben. Wenn Sie das Brustbein nach oben schieben, werden Sie merken, daß Ihre Schultern leicht nach hinten und nach unten fallen und das Kinn sich leicht zur Brust hin neigt. Nehmen Sie nun die Hände wieder weg, und »fallen« Sie zurück in Ihre »normale« Haltung. Beobachten Sie Ihr Spiegelbild wie einen Freund, und schauen Sie nun, mit welchem Blick er Ihnen gegenübersitzt. Aus welchem Blickwinkel betrachtet Sie Ihr Gegenüber?

Wenn wir unsere Halswirbelsäule aufrichten, wird unser Blick offen und gerade. Man kann die Iris in den Augen ganz sehen, wie bei einem Kind, das mit »offenen Augen« in die Welt blickt, eine Haltung, in der wir buchstäblich unser Herz öffnen und uns so zeigen, wie wir gedacht sind. Vor dieser inneren und äußeren Haltung hatten wir immer ein wenig Angst, weil wir uns nicht wirklich zeigen und zu uns stehen konnten, in dem Glauben, daß andere uns so nicht sehen dürfen. Wenn wir uns dem Leben in dieser Haltung zeigen, erhalten wir die Reaktion darauf. Wie verhalten wir uns einem Kind gegenüber, das uns so offen anblickt? Wir reagieren auf seine Bereitschaft, indem wir unser eigenes Herz öffnen. Wir spiegeln seine Offenheit wider, indem wir uns auch so zeigen.

Wenn wir uns öffnen, kann uns das Leben in derselben Weise begegnen. Ein Mensch, den wir offen anblicken, kann uns ebenfalls mit Offenheit gegenübertreten. Dadurch kann eine völlig andere Kommunikation stattfinden, die nicht auf gegenseitigem Abschätzen beruht, eine Kommunikation, die nicht nur von Intellekt zu Intellekt geschieht, sondern bei der Menschlichkeit mitschwingt, weil wir unser Herz mit einbeziehen!

Das, was wir nach außen ausstrahlen, spiegelt uns die Außenwelt zurück. Solange wir noch nicht wissen, welche Energie wir nach außen hin zeigen, wundern wir uns oft, warum die Welt uns in einer bestimmten Weise begegnet, warum wir immer wieder enttäuscht werden oder warum uns immer wieder das gleiche passiert. Unsere Körpersprache vermittelt mitunter etwas völlig anderes, als es unserer geistigen Vorstellung von uns entspricht, weil unser Körper vielleicht noch in einer Haltung steckengeblieben ist, die wir früher irgendwann einmal eingenommen haben. Unser Körper signalisiert daher ein altes Muster, und wir ernten die Reaktion darauf. Durch einen »geknickten« Blickwinkel wird unsere Wahrnehmung durch unser Urteil (Vergangenheit) und unsere Erwartung (Zukunft) gefiltert. Betrachten wir das Leben hingegen mit Offenheit aus dem rechten Blickwinkel, sind wir für das Leben offen. Wir zeigen uns hier und jetzt so, wie wir in unserem Aufrechtsein gedacht sind, und die Welt kann so auf uns reagieren, wie es unserem Inneren entspricht. Wenn wir aufrecht sind, betrachten wir das Leben »aus dem rechten Blickwinkel« und bestimmen damit selbst die Reaktionen, die wir durch unsere innere und äußere Haltung ernten!

Sie können dieses Phänomen ab sofort in Ihrem eigenen Alltag erproben: Treten Sie dem nächsten Menschen, der Ihnen begegnet, nachdem Sie dieses Kapitel gelesen haben, aufrecht und offen entgegen. Zeigen Sie ihm, daß Sie den Mut haben, ihm Ihr Herz zu öffnen und sich ihm so zu zeigen, wie Sie wirklich sind. Sie geben ihm damit die Möglichkeit, sich ebenfalls zu öffnen, und Ihre Begegnung wird Ihnen beiden Freude bereiten. Reagieren Sie einfach anders als gewohnt. Sie selbst bestimmen, was Ihnen im Leben begegnet. Es liegt in Ihrer Hand, ob Sie mit Ärger, Wut oder Verzweiflung reagieren müssen oder ob Freude, Wärme und Herzlichkeit in Ihren zwischenmenschlichen Beziehungen vorherrschen!

Die Füße

Unsere Füße sind unsere Wurzeln. Der Mensch unterliegt zwei Gesetzen: dem Gesetz der Materie (Schwerkraft) und dem Gesetz des Geistes (Leichtkraft oder »Aufrichtekraft«). Unser Körper besteht aus Materie und ist aus Materie entstanden. Die Erde hat uns ernährt. Wir sind immer ein Teil dieser Erde und haben bis auf wenige Augenblicke ständig Kontakt mit ihr. Im Sitzen lastet unser Körpergewicht auf den Sitzhökkern, im Stehen auf unseren Füßen. Durch die Schwerkraft stehen wir in direktem Kontakt mit der Erde. Es gibt kaum einen Augenblick in unserem Leben, wo wir durch die Schwerkraft nicht in Berührung mit einem Stück Materie sind (außer in den kurzen Augenblicken, wo wir Sprünge machen).

Wenn wir im Bett liegen, ist unser ganzer Körper in Berührung mit seiner Unterlage. Sobald wir aufgestanden sind, sind es unsere Füße, die praktisch in jedem Moment mit dem Boden in Kontakt sind. Unsere Füße tragen uns. »Man hat errechnet, daß ein Fußpaar täglich für seinen Besitzer durchschnittlich eine Last von mindestens zehn Waggons Kohlen an Gewicht hebt.« (16)

Wir überlassen der Erde unser ganzes Gewicht. Von der Erde werden wir daher immer als Ganzes erfaßt, da wir immer als Ganzheit mit der Erde in Berührung sind. Mit unseren Sinnen nehmen wir hingegen immer nur den Teil der Erde wahr, mit dem wir gerade Kontakt haben. Erst wenn wir unseren »Übersinn« entwickelt haben, können auch wir die Erde als ein Ganzes wahrnehmen. Vielleicht ist dieser »Übersinn« das Sinnesorgan, das der Volksmund unseren »sechsten Sinn«

nennt? (Sehen Sie dazu in Kapitel 2 ›Bedeutet Leichtkraft »Lichtkraft«?‹)

Wenn wir uns bewußt machen wollen, in welcher inneren und äußeren Haltung wir uns befinden, können uns die Füße in diesem Prozeß sehr hilfreich sein. Über sie können wir uns unserer Schwerkraft, unserer Verbundenheit mit der Erde, bewußt werden. Wir sollten unsere Füße daher wie einen guten Freund behandeln. Wenn wir Gefahr laufen, unseren Standpunkt, unsere Verbindung mit der Realität zu verlieren und »abzuheben« drohen, bringen sie uns wieder zurück auf die Erde, indem wir unser ganzes Bewußtsein auf unsere Füße lenken. Durch die bewußte Wahrnehmung unserer Füße »stehen wir mit beiden Beinen auf dem Boden« und sind immer in der Gegenwart. Nur durch die Wahrnehmung der Schwerkraft sind wir im Hier und Jetzt, niemals durch unsere Gedanken. Unsere Gedanken können in die Vergangenheit oder in die Zukunft »abschweifen«, niemals aber unser Körper. Unser Körper befindet sich immer im Hier und Jetzt, solange wir als ein Teil dieser Erde auf ihr leben. Dies ist auch der Grund, warum in allen Entspannungstechniken das Wahrnehmen der Schwerkraft im Körper geübt wird.

In den Füßen spiegelt sich unser ganzer Körper in den sogenannten Reflexzonen wider. Aus der Reflexzonentherapie wissen wir, daß jedes Organ und jeder Körperteil eine Reflexzone im Fuß besitzt. Vielleicht läßt sich diese Tatsache folgendermaßen erklären: All unsere Gedanken, die unser Handeln und unser Sein bestimmen, werden im Gehirn produziert. Jede unserer Handlungen muß im Gehirn bereits vorvollzogen worden sein, bevor wir sie tatsächlich in eine konkrete Handlung umsetzen. Unbewußt vollziehen wir im Gehirn auch unsere Seelenhaltung, bevor sie sich in unserer Körperhaltung manifestiert. Das Gehirn ist ein Archiv unseres Seelenlebens, das alles, was wir jemals erlebt oder erfahren haben, wie in einem Computer speichert. Als oberste Region des Körpers spiegelt es immer den Bewußtseinszustand wider, in dem sich unsere Seele im Augenblick befindet. Unsere Füße als unterster Punkt des Körpers spiegeln demgemäß unseren physisch gewordenen Seelenzustand wider: unseren ganzen Körper.

In den Füßen enden unzählige Energiebahnen. Ebenso wie wir vom Gehirn aus durch unsere geistigen Impulse unseren Körper positiv oder negativ beeinflussen können, wirkt auch eine Be»handlung« der Füße auf die Körperfunktion ein.

Alta-Major betrachtet den Menschen als Ganzheit. Alta-Major versteht sich als ganzheitliche Heilmethode, die berücksichtigt, daß alle Teile des Menschen in einer Wechselbeziehung zueinander stehen. Wir alle sind die physische Verkörperung unserer jeweiligen Seelenerfahrung. In unserer irdischen Daseinsform könnte man uns mit einer Fabrik vergleichen: Unser Körper ist die Fabrik, die vom Gehirn, der Direktion, mit Impulsen gespeist wird. Die Nervenimpulse, die Botschaften oder Meldungen der Direktion, werden durch Sprache, durch Arme und Hände in Handlung umgesetzt. Und schließlich bestimmen unsere Beine und Füße, wo wir diese Handlungen stattfinden lassen, das heißt, wo sich ihre Wirkungen niederschlagen. Dieser Ablauf funktioniert nur dann reibungslos, wenn die Kommunikation und die Zusammenarbeit aller Beteiligten ungestört vonstatten geht.

Die Halswirbelsäule ist das Verbindungsglied zwischen der Direktion (Gehirn) und dem ausführenden Organ (Körper). Was also geschieht, wenn wir einen Knick im Hals haben? Wie bei einem Kabel ist die Verbindung nach oben und unten und in die ausführenden Organe unterbrochen. Um diese Störung zu beheben, setzt die Alta-Major-Methode an allen betroffenen Stellen an: am Bewußtsein als Schaltzentrale, an der Wirbelsäule als Kanal oder Vermittler und an den Füßen als »Umschlagplatz« dessen, was vom Werk geliefert wurde.

Die reflektorische Wirkung der Fußreflexzonen auf den ganzen Körper kann bei dem Prozeß des Aufrichtens unserer Wirbelsäule sehr unterstützend mit einbezogen werden.

Wenn wir unserer Wirbelsäule die Möglichkeit geben, sich wieder ganz aufzurichten, kann es sein, daß wir durch das Aufrichten ein paar Zentimeter »wachsen«. Wir strecken unsere Wirbelsäule nach oben, was wiederum in einer Dehnung der Füße sichtbar wird. Daher ist es sehr ratsam, dafür zu sorgen, daß unsere Füße genügend Platz in unseren Schuhen haben, um sich reflektorisch zur Wirbelsäule ebenfalls auszudehnen. Es kann sogar sein, daß wir eine halbe Schuhnummer größere Schuhe brauchen, wenn wir uns aus der gebeugten Körperhaltung aufrichten.

Unsere Haltung hängt immer mit dem Halt zusammen, den wir durch unsere Füße haben. An der Art, wie wir mit unseren Füßen gehen, können wir erkennen, wie wir uns im Leben bewegen, sehen wir, ob wir vorsichtig und zögernd oder fest auftreten. Unsere Füße zeigen uns, ob wir Spaß haben an unserer Lebendigkeit, die Erde zu berühren.

Wie können wir die Beweglichkeit unseres Körpers mit unseren Füßen erfahren? Wir können spielerisch mit der Flexibilität unserer Wirbelsäule umgehen. Frauen dürfen zu diesem spielerischen Zweck ruhig ein paar Stunden am Tag oder in der Woche Schuhe mit hohen Absätzen tragen, um auf diese Weise künstlich das Tänzerische und Grazile im Körper herzustellen. Durch hohe Schuhe »heben« wir uns, damit kann sich auch unsere Stimmung heben. Wichtig ist nur, daß nicht ständig hohe Schuhe getragen werden, da sich sonst die Achillessehne verkürzt.

Wir dürfen unseren Körper auf spielerische Art und Weise wahrnehmen und uns seiner bewußt werden. Schuhe, die einen festen Absatz haben, tragen beispielsweise dazu bei, daß wir unsere Schritte hören. Dadurch können wir uns unserer Verbundenheit mit der Erde bewußt werden. Wenn wir einmal das Gefühl haben, »den Boden unter den Füßen zu verlieren«, können solch spielerische Übungen ausgesprochen hilfreich sein. Eine andere spielerische Erfahrung, sein Bewußtsein wieder in die Füße zu lenken, ist, sich die Fußnägel zu lackieren. Sogar als Mann dürfen Sie sich diesen Spaß ruhig einmal gönnen!

Im Gehirn nehmen die Füße – und auch die Hände – einen sehr großen Platz ein. Vielleicht können wir uns unseren Füßen mit viel mehr Aufmerksamkeit und Liebe zuwenden, wenn wir diese Tatsache bedenken. Es trägt mit zu unserer Bewußtseinserweiterung bei, wenn wir unsere Füße mit in unser Bewußtsein einschließen!

Was sind Chakras?

Der Mensch ist ein beseeltes Lebewesen. Die Seele hat sich eine physische Form geschaffen, um die irdische Schöpfung zu durchleben und sich zu einer höheren Bewußtseinsstufe zu entwickeln. Der menschliche Körper wurde von unserer Seele geformt. Wir besitzen also nicht nur das höhere Bewußtsein unserer Seele, sondern auch einen nichtmateriellen, feinstofflichen Körper, den Ätherkörper. In der Physik entspricht das sogenannte »ätherische Doppel« des physischen Körpers dem »elektromagnetischen Kraftfeld um einen Magneten oder einem stromdurchflossenen Leiter«. Das ätherische Kraftfeld des Menschen ist jedoch um vieles komplexer.

Da dieser Ätherkörper energetisch und nicht stofflich ist, können wir ihn mit unseren für die stoffliche Welt geschaffenen Sinnesorganen nicht wahrnehmen. Wir können uns den Ätherkörper als energetische Hülle vorstellen, die unseren physischen Körper umgibt. Der Ätherkörper gehört zum Energiekörper des Menschen. Der Ätherkörper hat eine Hauptaufgabe: Er belebt den physischen Körper und versorgt ihn mit Energie. Er ist der Träger der Lebenskraft, des »Prana«.

Was ist »Prana«? Die jahrtausendealte Lehre der erleuchteten Weisen des Ostens verkündet, daß alle Energie, die im Universum tätig ist, irgendeine innere Ursache, einen Kern, einen Keim hat – einen Urzustand, aus dem jedes Leben, jede Bewegung und jede Tätigkeit hervorgehen. Diese sich im Urzustand befindliche potentielle Kraft heißt Prana. »Prana ruht vor Beginn des Schöpfungszyklus im Absoluten als der Geist oder die Idee der Kräfte ... In jeder Lebensform ist Prana gegenwärtig als eine Lebenskraft, die dazu dient, dem alles belebenden Überselbst zur Entfaltung auf der stofflichen Ebene zu verhelfen.« (17) Zu diesem Zweck strömt die Lebenskraft über unzählige Energiebahnen (Nadis) zwischen dem Energiekörper und dem physischen Körper. Es findet ein Energieaustausch statt, dessen Zentren die Chakras (Sanskrit »Rad«) sind.

Man kann sich ein Chakra als starkes, radförmiges, mit vielen Speichen besetztes »Kraftfeldgebilde« mit der Wirbelsäule als Radachse vorstellen.

Entlang der Wirbelsäule befinden sich fünf solcher »Energieräder«. In der Verlängerung der Wirbelsäulenachse zum Kopf und darüber hinaus sind weitere zwei dieser Hauptchakras.* Das Alta-Major-Tor bildet die Verbindung der fünf Wirbelsäulenchakras mit den zwei Kopfchakras.

Es gibt sieben Hauptchakras und neunundvierzig Nebenchakras. Die Chakras stehen in Zusammenhang mit unserem körperlichen und psychischen Befinden, da sie als Empfänger, Umwandler und Leiter von Energie wirken. (18) Die ersten fünf Hauptchakras laufen entlang der Mittelachse des Körpers, der Wirbelsäule, die beiden letzteren befinden sich beim Kopf auf Stirn- und Scheitelhöhe. Das unterste Chakra, das Wurzelchakra, befindet sich am unteren Ende der Wirbelsäule. Dann folgt das Sakralchakra in Höhe der Geschlechtsorgane, das Nabelchakra in der Solarplexusgegend, das Herzchakra in der Herzgegend, das Kehlkopfchakra, das Stirnchakra oder »Dritte Auge« und das Scheitel- oder Lotuschakra am obersten Punkt des Kopfes.

Die sieben Hauptenergiezentren erhalten das Leben des physischen Körpers, indem sie ihm Lebensenergie zuführen. Jedes Chakra versorgt bestimmte Organe mit Energie. Umgekehrt wird jedes Energiezentrum wiederum von der ihm zugeordneten Drüse genährt. Man kann das Zusammenspiel

* Sehr ausführlich und detailliert beschreibt Johannes Walter die Chakras in seinem Buch »*Atmen-Therapie*«, erschienen als Ullstein Taschenbuch, Berlin 2005.

von Chakras und Drüsen mit einer Blume vergleichen. Die Blüte ist das Chakra, das über den Blütenstiel mit den Wurzeln verbunden ist. Die Wurzeln befinden sich, bildlich betrachtet, in der Wirbelsäule und versorgen die Drüsen über die Nervenbahnen mit der Lebensenergie, die im Chakra gespeichert ist. Über den Stiel findet der Energieaustausch zwischen Wurzeln und Blüte statt. Die Blüte befindet sich außerhalb des physischen Körpers im sogenannten Energiekörper. In den östlichen Chakralehren werden die Energiezentren als Lotusblüten mit einer verschiedenen Anzahl von Blütenblättern dargestellt. Das oberste Chakra wird als Symbol für das göttliche Bewußtsein der »Tausendblättrige Lotus« genannt.

Die esoterischen Schulen lehren, daß die Lebensenergie entlang einer Kraftlinie durch einen Kanal verläuft, der alle Chakras untereinander und diese mit den Drüsen verbindet. Dieser Kanal für die Lebensenergie befindet sich in unserer Wirbelsäule und wird der »Suschumna-Kanal« (tibet. »Susumna« = astrale Gehirn- und Rückenmarksachse) genannt. (19)

«Die Susumna ... stellt die direkte Verbindung zwischen den sieben Zentren dar und ist nicht nur imstande, eine Synthese der solaren und lunaren Ströme zu bewirken (die polaren Kraftströme, die im menschlichen Körper wirksam sind; solare Energien streben zur Bewußtheit, zum Erkennen und damit zum Intellekt; lunare Energien streben zur Vereinigung und äußern sich beispielsweise in den Impulsen der Liebe; im Yoga: »Hatha«, Ha = Sonnenenergie und Tha = Mond- oder Erdkraft, Anm. d. Verf.), sondern auch die Kräfte des höchsten und des niedrigsten Zentrums zu vereinen.« (20)

Die sieben Hauptchakras sind mit folgenden endokrinen Drüsen verbunden:

7. Das Scheitelchakra	– Epiphyse (Zirbeldrüse)
6. Das Stirnchakra	– Hypophyse (Hirnanhangdrüse)
5. Das Kehlkopfchakra	– Schilddrüse
4. Das Herzzentrum	– Thymusdrüse

3. Das Nabelchakra	– Pankreas (Bauchspeicheldrüse)
2. Das Sakralzentrum	– Keimdrüsen
1. Das Zentrum an der Basis der Wirbelsäule	– Nebennieren (21)

Die Chakras versorgen die Drüsen mit Energie. Die Drüsen wiederum versorgen auf physischer Ebene die entsprechenden Organe und Körperbereiche und erhalten deren Funktion aufrecht. Die den Drüsen zugeordneten Körperbereiche und Organe sind in gleicher Reihenfolge:

7. Epiphyse	– Oberes Hirn, rechtes Auge
6. Hypophyse	– Unteres Hirn, linkes Auge, Nase, Wirbelsäule, Ohren
5. Schilddrüse	– Kehlkopfbereich, obere Lunge, Arme, Verdauungskanal
4. Thymusdrüse	– Herz, untere Lunge, Blutstrom
3. Pankreas	– Milz, Magen, Leber, Gallenblase
2. Keimdrüsen	– Fortpflanzungsorgane, Beine
1. Nebennieren	– Nieren, Blase, Wirbelsäule

Die neunundvierzig Nebenchakras sind an der Energieumwandlung beteiligt. Dem Alta-Major-Zentrum wird die Carotisdrüse zugeordnet, über die bislang keine Kenntnisse vorhanden sind. Alice Bailey sah damit wahrscheinlich das später erforschte *glomus caroticum*, einen wichtigen Nervenknoten, voraus. Ob aus diesem Nervenknoten auch, wie aus einer Drüse, Hormone abgegeben werden, ist bis heute nicht geklärt.

Jedes Chakra besitzt seine eigene Schwingungsfrequenz. Im normalen, gesunden Zustand eines Menschen sollte ein Zustand der Harmonie aller Chakras untereinander herrschen. Beim Umgang mit Energie ist es wichtig, daß die Energie unbehindert fließen kann. Wo die Energie nicht zu- oder abfließen kann, findet ein Energiestau statt. Die Versorgung der Drüsen und Organe ist unterbrochen. Wenn die Wirbelsäule verkrümmt ist, ist der Energiekanal an den geknickten Stellen abgeklemmt wie ein Kabel. Durch das Aufrichten der Wirbelsäule wird ein freier Fluß der Lebensenergie durch alle Chakras wieder möglich.

Alta-Major liefert uns einen tiefen Einblick in die Wirkungsweise der Chakras. Wir erhalten eine Erklärung für das Zusammenwirken der Energien in der Wechselbeziehung von Seele und Körper, indem wir durch das Aufrichten unseres Körpers mehr Prana, mehr Lebensenergie, kanalisieren können. Wenn wir unsere Wirbelsäule aufrichten, kann der Energieaustausch zwischen Drüsen und Chakras ungehindert vonstatten gehen. Bildhaft ausgedrückt könnte man sagen, wenn die Wirbelsäule ohne Knick gerade und aufrecht verläuft, ist auch der Suschumnakanal wie ein gerades, hohles Bambusrohr, durch das unsere Lebensenergie strömt.

1. Wurzelchakra (entspricht dem Element Erde)

Das Wurzelchakra verbindet mich mit der Erde. Es ist meine Wurzel, die mich mit der Materie, aus der mein Körper geschaffen ist, in Kontakt bringt. Hier finde ich die Kraft für die Erhaltung meines physischen Körpers.

2. Sakralchakra (entspricht dem Element Wasser)

Hier wohnt die Kraft, die mir die Polarität männlich – weiblich bewußt macht und mich mit dem anderen Geschlecht in Verbindung bringt. Von hier erhalte ich den Impuls zum Einswerden (Sexualität), aus dem neues Leben entsteht.

3. Solarplexus (entspricht dem Element Feuer)

Dies ist das Zentrum, durch das ich meine Kraft nach außen bringe. Es ist die Kraft des Feuers, es gibt mir mein Temperament (auch meine Temperatur). Von hier erhalte ich den Impuls, mich nach außen zu verwirklichen.

4. Herzchakra (entspricht dem Element Luft)

Durch das Herzchakra komme ich in Kontakt mit der feinen Materie (Luft) und dadurch mit allem, was atmet. Ich werde durch meine Umwelt berührt und erlebe die Kraft der Berührung. Durch mein mitfühlendes Herz erlebe ich mich als liebendes und geliebtes Wesen.

5. Kehlkopfchakra (entspricht dem Element Äther)

Dieses Chakra ist meine Stimme, die das Medium, dem es entspricht, in Schwingung versetzt. Ich entfalte mich in dem Raum, in dem sich Schwingung entfaltet. Ich bin ein intellektuelles Wesen.

6. Stirnchakra

Das Chakra des Dritten Auges ist mein Denken, mein Intellekt, aber auch meine Intelligenz, die mehr ist als mein Intellekt. Hier erhalten meine »Gedanken« Form, die sich dann durch die fünf Wirbelsäulenchakras (erstes bis fünftes Chakra) ausdrücken können. Es ist mein Speicher für die göttliche Botschaft und meine Gedanken als Mensch. Hier wohnt die Vision, die Innenschau.

7. Scheitelchakra

Die Verbindung zu meinem göttlichen Ursprung und meinem göttlichen Wesen. Mein Draht nach »oben«, die Inspiration, die Intuition und das göttliche Bewußtsein.

Die sieben Hauptpchakras, die entlang der Körperachse laufen, verbinden ihre Energien zu einer Leiter zur Höherentwicklung des Bewußtseins. Von oben nach unten und unten nach oben verbindet sich die Energie zweier Chakras immer in dem dazwischenliegenden Chakra und bildet in diesem eine Synthese.

Das Basis-Chakra verschmilzt im Sexualchakra mit dem Solarplexus-Chakra: Die schöpferischen Kräfte (»Kundalini« oder »Schlangenfeuer«; in der modernen Psychologie als »Libido« bekannt) des Basis-Chakras verbinden sich mit der Durchsetzungskraft und dem Arterhaltungstrieb, der im Solarplexuszentrum ruht, in der Fortpflanzung. Das Sexualzentrum bildet mit der in ihm ruhenden Zeugungskraft die Synthese zwischen Basiszentrum und Solarplexuszentrum.

Das Sexualchakra wiederum verbindet sich mit dem Herzchakra und transformiert die Energien beider Chakras zu Kraft, die im Solarplexuszentrum in Kreativität umgewandelt wird: Wenn sich die Sexualität nicht mit dem Gefühl verbinden kann, weil das Solarplexuszentrum blockiert ist, findet sie keinen kreativen und liebevollen Ausdruck!

Das Herzchakra kommt mit dem Stirnchakra über das Kehlkopfchakra in Kontakt: Das, was ich fühle (Herzchakra), kommt in Kontakt mit dem, was ich denke (Stirnchakra), und drückt sich in meiner Kommunikation und Interaktion mit der Welt (Denken und Handeln) durch das Kehlkopfchakra aus. (Die Nerven, die für das Handeln zuständig sind [Arme, Hände], treten größtenteils aus der Halswirbelsäule aus!) Wenn wir uns nach außen hin ausdrücken wollen, geschieht dies durch Sprechen und Handeln.

Das Stirnchakra stellt wiederum die Synthese zwischen unserem Handeln (Kehlkopfchakra) und dem höheren, göttlichen Bewußtsein oder höherem Selbst (Scheitelchakra) her, indem die Erfahrung dieser beiden Chakras in unserem Denken verschmilzt und sich in unserem Intellekt und unserer höheren Erkenntnis niederschlägt (Stirnchakra).

Die Synthese der Energien zweier Chakras in dem dazwischenliegenden Chakra gliedert sich wie folgt auf:

Synthese

Scheitelchakra	→ Stirnchakra	← Kehlkopfchakra
Stirnchakra	→ Kehlkopfchakra	← Herzchakra
Kehlkopfchakra	→ Herzchakra	← Solarplexus-Chakra
Herzchakra	→ Solarplexus-Chakra	← Sexualchakra
Solarplexus-Chakra	→ Sexualchakra	← Basis-Chakra

Das dazwischenliegende Chakra wirkt wie eine Brücke für die Energien der beiden Chakras, deren Energien in ihm verschmelzen. Das Zusammenwirken der Energien in den Chakras zeigt sich auf körperlicher Ebene im Zusammenspiel aller Körperorgane und Drüsen, in dem geheimnisvollen Zusammenwirken aller Einzelteile als ganzer Organismus.

Wenn wir uns körperlich aufrichten, richten wir gleichzeitig den Suschumna-Kanal auf, und »wenn der Strom der Susumna sich öffnet und aufzusteigen beginnt, überschreiten wir die Begrenzungen unserer Sinne; unsere Geistesfähigkeiten werden übersinnlich, überbewußt; wir gehen über unsere intellektuellen Fähigkeiten hinaus in einen Zustand, der dem verstandesmäßigen Denken unerreichbar ist«. Diese Worte von Vivekananda geben uns Einblick in die in uns schlummernden Möglichkeiten, die wir erwecken können, indem wir uns aufrichten in eine Haltung, in der Gesundheit und Bewußtsein unser Leben bestimmen! Durch Alta-Major können wir lernen, daß wir in der Lage sind, unseren Energiekörper zu gestalten, indem wir unseren Körper in eine neue Form bringen und ihn zu einem Kanal für mehr Lebensenergie werden lassen.

Das Wechselspiel zwischen Chakras und Drüsen

In den endokrinen oder innersekretorischen Drüsen werden die Hormone und verschiedene Wirkstoffe, die für uns lebenswichtig sind, produziert und in den Körper ausgeschüttet. Die Hormone fließen in den Blutstrom ein und stellen das Gleichgewicht in unserem Organismus her. Sieben wichtige innersekretorische Drüsen (vielleicht gibt es noch welche, die wir noch nicht kennen) steuern unter anderem das Wachstum, die Fortpflanzung, die gesamte Lebensenergie und haben einen großen Einfluß auf das menschliche Verhalten, auf emotionale und geistige Zustände und den allgemeinen Gesundheitszustand des Menschen.

Dies leuchtet besonders ein, wenn wir die Drüsen im Zusammenhang mit den Chakras betrachten. Die Lebensenergie, die in den Chakras gespeichert wird, wird über die Nervenbahnen in den Körper geleitet. Durch die Lebensenergie wird die Vitalität unseres Körpers geweckt. Der Ätherkörper ist der Übermittler dieser feinstofflichen Energie – für unseren eigenen Körper und für unsere Umwelt! Durch seine Energiezentren, die Chakras, wird diese Energie unserem Körper zugänglich gemacht. Auf physischer Ebene sind die Drüsen die Organe, die die feinstoffliche Energie in grobstoffliche Hormone (griech.: »erwecken«) umwandeln.

Wenn der Energiefluß in unserer Wirbelsäule unterbrochen oder behindert ist, wird die gesamte Drüsentätigkeit in unserem Körper eingeschränkt. Anatomisch betrachtet, werden die Drüsenfunktionen von den Nerven gesteuert. Wie Sie sich erinnern, werden die Nervenstränge dort »abgeklemmt«, wo sich der Knick in der Wirbelsäule befindet. An dieser Stelle sind alle dieser Körperregion zugehörigen Drüsen und Organe in ihrer Tätigkeit beeinträchtigt. Wenn wir unsere Wirbelsäule aufrichten, kann die Lebensenergie ungehindert über die nicht mehr blockierten Nervenbahnen in die Drüsen gelangen. Von dieser Warte aus betrachtet wird klar, warum die Drüsenfunktion so stark mit unserer Vitalität und unserem körperlich-seelischen Wohlbefinden zusammenhängt.

«Nach Alice Bailey arbeiten die drei Aspekte der Göttlichkeit durch das Drüsensystem: der Wille durch die Zirbeldrüse, die Liebe durch die Thymusdrüse und die aktive Intelligenz durch die Schilddrüse. Es gibt eine merkwürdige Parallelität zwischen dem spirituellen Rang des Menschen und dem wissenschaftlichen Verständnis dieser drei Drüsen. Im Bereich der Physiologie gibt es überwältigende Hinweise darauf, daß die Intelligenz, wie wir sie verstehen, von der Funktion der Schilddrüse abhängt: Die Intelligenz des Menschen ist gut entwickelt, und deshalb ist der Wissenschaft viel über diese Drüse bekannt, die das Zentrum der aktiven Intelligenz ist (Kehlkopfchakra). Die Liebe befindet sich noch im Stadium der Entfaltung, und der spirituelle Wille im Menschen verhält sich relativ still. Auf dieser Basis kann man voraussagen, daß um so mehr Licht in die Funktion der Thymus- und Zirbeldrüse kommen wird, je mehr der Mensch lernt, Liebe und spirituelles Wachstum auszudrücken.« (22) Und das in seinem inneren und äußeren Verhalten!

Mit der Alta-Major-Methode kommen wir durch das Aufrichten aus dem Knick sofort in verstärkten Kontakt mit dem Herzchakra und damit auf stofflicher Ebene mit der Thymusdrüse. Diese Drüse öffnet unser Herz für die Liebe! Für unser Immunsystem ist eine gestärkte Thymusdrüse von erheblicher Bedeutung, denn sie spielt bei der Entstehung vieler Krankheiten eine entscheidende Rolle. Nicht zuletzt gebührt ihr im Zusammenhang mit Aids eine Neubeachtung, da es sich bei dieser Krankheit um einen Zusammenbruch des Immunsystems handelt. (Ist dies nicht ein Grund zu der Vermutung, daß eine gesunde Thymusdrüse die Vorbeugung ist gegen Krankheiten wie Krebs, Aids und andere, die eng mit dem Immunsystem verbunden sind?)

Die Thymusdrüse (griech. »thymos« = Stimmung, »Sitz der Lebensenergie«) findet in der Alta-Major-Therapie ganz besondere Beachtung. Sie befindet sich in der Mitte der Brust, genau hinter dem oberen Teil des Brustbeins. Tests haben ergeben, daß ein schwacher Thymus durch eine aufrechte Körperhaltung aktiviert wird (BK-Test von Dr. Diamond. Dieser Test kann von jedem zu Hause durchgeführt werden und ist im Anhang beschrieben). Alta-Major wirkt sich direkt auf die Thymusdrüsentätigkeit aus. Daher sei dieser für unsere Gesundheit so wichtigen Drüse ein eigenes Kapitel gewidmet.

Das Geheimnis der Thymusdrüse: Der Tresor von Lebensfreude und Gesundheit

Der Thymus ist ein lymphatisches Organ, das nur beim Kind voll entwickelt ist und sich im Jugendalter zurückbildet. Hierzu lesen wir bei Dr. Diamond, der sich als Arzt eingehend mit der Thymusdrüse befaßt hat: »Der Mythos der schrumpfenden, überflüssigen Thymusdrüse stirbt trotz der Ergebnisse der modernen Forschung nur langsam. Jedesmal, wenn ich vor Medizinern Vorlesungen über die Drüse halte, werde ich darauf hingewiesen, daß jeder weiß, daß die Drüse bei Erwachsenen überhaupt keine Funktion hat. Aber die Beweise für ihre immunologische Bedeutung, die in den letzten zwanzig Jahren gesammelt wurden, sind so überwältigend, daß ich annehmen muß, daß irgend etwas im Unterbewußtsein arbeitet und der Drüse die Anerkennung, die ihr zusteht, versagt.« (23)

Zur Funktion der Thymusdrüse lesen wir im Anatomiebuch von Adolf Faller: »Die Thymusdrüse spielt für das Wachstum eine Rolle. Durch Antikörperbildung (T-Lymphozyten, Anm. d. Verf.) beeinflußt sie die Immunreaktion des Körpers.« Die T-Lymphozyten erhalten ihre »immunologische Prägung im Thymus. Sie unterliegen dort einer entsprechenden ›Schulung‹ und verlassen das Organ als immunologisch kompetente Zelle. Diese wegen ihrer Thymus-Abhängigkeit als T-Lymphozyten bezeichneten Zellen bewegen sich ständig zwischen Milz, Lymphknoten, Geweben und Gefäßsystem. Diese T-Lymphozyten sind für die spezifischen zellulären Abwehrmechanismen verantwortlich. Sie besitzen an ihrer Oberfläche strukturspezifische Rezeptoren, die Antigene (Krankheitserreger und deren Gifte, Anm. d. Verf.) erkennen können. Über diese T-Zellrezeptoren weiß man heute noch nichts Sicheres. Es liegen jedoch gewisse Analogien zu Antikörpern vor.« (24) Zeigt dies nicht, daß in der Thymusdrüse noch viele Geheimnisse verborgen liegen?

Über die Thymusdrüse und ihre Funktion war bis vor kurzem noch wenig bekannt. Einer der Pioniere auf dem Gebiet der Erforschung der Thymusdrüse ist Dr. John Diamond. Vielleicht hat ihn seine Thymusdrüse und damit sein Herzchakra dazu angeregt, für uns alle diese wertvolle und segensreiche Arbeit zu tun. Diamond entwickelte spezielle Tests, mit denen sich die Aktivität des Thymus feststellen läßt. Er schreibt: »Wie Sie sich erinnern, produziert der Thymus Lymphozyten und kontrolliert sie später durch die Ausschüttung von Hormonen derart, daß fremde Zellen und abnormale Körperzellen vernichtet werden. Diese Funktion der immunologischen Überwachung hat direkt mit der Resistenz gegen Infektionen und Krebs zu tun. Aber erst seit kurzem versteht man die immunmologischen Funktionen des Thymus. Die Erkenntnis seiner Rolle als Kontrolleur, der die lebensspendenden und heilenden Energien kontrolliert, kam als völlige Überraschung.«

Welch enorme Bedeutung der Thymus im Zusammenhang mit Krankheiten wie Krebs und Aids erlangt, wird aus diesen Erkenntnissen offensichtlich. Diamond faßt die Hauptfunktionen der Thymusdrüse wie folgt zusammen:

1. In den ersten Lebensjahren produziert die Thymusdrüse spezielle Lymphozyten, die sogenannten T-Zellen. Diese Zellen sind wichtig für die immunologische Überwachung, die direkt mit der Resistenz gegen Infektionen und Krebs zu tun hat.
2. Nach der Pubertät scheint die Bedeutung der Thymusdrüse in der Aktivierung der T-Zellen durch Thymushormone zu liegen.
3. Die Thymusdrüse beeinflußt das Wachstum.
4. Die Thymusdrüse beeinflußt die Stärke der Muskelkontraktion.
5. Die Thymusdrüse ist mitverantwortlich für den Lymphstrom im Körper. Das Lymphsystem nimmt Fremdstoffe, Zellgifte und Abfallstoffe auf und bringt sie in die Blutbahn, damit sie ausgeschieden werden können.
6. Die Thymusdrüse überwacht und reguliert das Fließen der Energie im Energiesystem des Körpers. Sie leitet sofortige Korrekturen ein, um die Unausgeglichenheit zu beseitigen und die Körperenergie wieder ins Gleichgewicht zu bringen.
7. Die Thymusdrüse stellt eine Verbindung zwischen Geist und Körper dar, da sie das erste Organ ist, das von geistig-psychischen Faktoren und Streß beeinflußt wird.
8. Seit Tausenden von Jahren weiß man, daß die Thymusdrüse der Sitz der Lebensenergie, der Sitz des »thymos«, ist. Eine gesunde, aktive Thymusdrüse bedeutet gute Gesundheit. (25)

Das Wort Thymus steht für Lebenskraft, Seele und Gefühl. Der Thymus wird von Streß, Emotionen, der physischen Umgebung, den sozialen Beziehungen, von Nahrung und nicht zuletzt von unserer Körperhaltung beeinflußt. Dr. Diamond fand heraus: »Die Emotionen, die den Thymus schwächen, sind Haß, Neid, Mißtrauen und Angst; Liebe, Vertrauen, Mut und Dankbarkeit dagegen aktivieren die Drüse.«

Auf einfache Weise können wir unsere Thymusdrüse täglich stärken.

Übungen:

1. Klopfen Sie einige Male am Tag fest an den oberen Bereich Ihres Brustbeins, hinter dem sich der Thymus befindet. Wenn sich ein tiefer Atemzug quasi von selbst einstellt, haben Sie Ihre Thymusdrüse aktiviert.

2. Nicken Sie mit dem Kopf, und sagen Sie laut oder leise, aber voller Inbrunst und ganz bewußt »ja«.

3. Wenn Sie sich gestreßt fühlen, führen Sie folgende »Thymus-Geste« aus oder stellen Sie sich die Geste vor: Breiten Sie die Arme aus wie zur Umarmung. Denken Sie in beiden Fällen an das damit verbundene Ausströmen der Liebe. Diese »Madonna«-Geste führt bei einem verängstigten oder unruhigen Menschen sofort zu einer Stärkung des Thymus. Ebenso wirkt sie positiv auf die Person, die auf diese Art ihre Liebe und Zuneigung zeigt.

4. Lächeln Sie öfter! Lachen Sie, oder denken Sie an Dinge, die Sie zum Lachen bringen! Wenn Ihnen das gerade nicht gelingen will, können Sie einen Trick anwenden: Kneifen Sie sich leicht in die Wangen, so wie Sie ein Kind in die Backen kneifen würden, wenn Sie es zum Lachen bringen wollen. Der für das Lächeln verantwortliche Muskel, der »Musculus zygomaticus major«, ist mit der Thymusdrüse über Energiebahnen (Meridiane) verbunden.

5. Umgeben Sie sich mit Dingen, die Sie, im wahrsten Sinne des Wortes, aufrichten: Stellen Sie eine langstielige, aufrechte Rose in Sichtweite, und betrachten Sie sie öfter. Hören Sie sich ein Musikstück an, das Ihr Herz hebt (Ihnen aber nicht »ans

Herz geht«!), wie zum Beispiel das »Ave Maria«. (Im Anhang finden Sie einige Musikempfehlungen, die thymusstärkend wirken.)

Können Sie sich nun vorstellen, wie sehr wir unsere Thymusdrüse stärken, wenn wir uns innerlich und äußerlich aufrichten? Ist es nicht denkbar, daß wir damit auf dem besten Weg sind, eine gesunde, harmonische und lebensfrohe Ära des Menschseins einzuleiten?

Der Homo spiritualis: Der nächste Schritt der menschlichen Evolution

Über die Entwicklungsgeschichte des Menschen gibt es die verschiedensten Theorien, die hier aber nicht vertieft werden sollen. Vielmehr geht es darum, einigen Rätseln im Zusammenhang mit der aufrechten Haltung des Menschen und der menschlichen Bewußtseinsentwicklung nachzuspüren. Vielleicht ist der Evolutionsschritt, der für den Menschen der Zukunft alle Möglichkeiten offenläßt, bereits in jedem von uns angelegt, und wir wandeln uns Schritt für Schritt zum »Homo spiritualis«? Wir wollen uns alle Möglichkeiten offenhalten und eine »Revolutionstheorie« wagen.

Die Theorie, daß der Mensch vom Affen abstammt, ist heute aufgrund einer Vielzahl neuer Entdeckungen und Erkenntnisse der Naturwissenschaft nicht mehr befriedigend. Wie in der Physik, die in der Quantenphysik unweigerlich an die Metaphysik grenzt, stößt die Anthropologie, die Lehre vom Menschen, in vieler Hinsicht auf die Anthroposophie, die »Menschenweisheit« Rudolf Steiners, der den Menschen als Mittelpunkt der irdischen Entwicklung betrachtet.

Charles Darwin ging von der Mutation und darauf folgender natürlicher Selektion im Kampf ums Dasein aus. Der Jesuit und Anthropologe Teilhard de Chardin erweiterte den Darwinismus durch seine Theorie, daß der Materie eine eingebaute Kraft innewohnt, die sie automatisch nach oben streben läßt. Er vertritt die These, daß die Materie eine Tendenz zur Ordnung in sich trägt. Experimentell hingegen spricht die ganze naturwissenschaftliche Forschung für die Richtigkeit des zweiten thermodynamischen Hauptsatzes – Materie besitzt die immanente Tendenz zur Unordnung und nicht zur Ordnung (Gesetz der Entropie). Welche Bedingungen aber bringen den Drang zum Leben zur Entfaltung? »... Wir kennen diese Bedingungen in Wirklichkeit sehr gut. Die biologischen Wissenschaften wenden sie heute fast täglich an. Sie bestehen in der Ausschaltung von Zufall unter den Molekülen der Materie, die das Leben tragen sollen.« (26) Die Entwicklung von bestimmten Lebensformen entsteht also durch die Herstellung einer logischen Ordnung im Chaos. Die Unordnung wirkt wie ein Katalysator für Ordnung.

Die Naturwissenschaft ging bis vor kurzem davon aus, daß sich der Jetztmensch (Homo sapiens sapiens) aus den Menschenaffen entwickelt hat. In der Reihe der Hominiden (Gattungsname des Menschen) befindet sich auch der Australopithecus, der vor 2 600 000 Jahren lebte. Interessanterweise fand man heraus, daß gleichzeitig mit dem Australopithecus der Homo habilis (der »geschickte« Mensch) lebte, der das Werkzeug erfand. Auch der Neanderthaler ist kein direkter Vorfahre, der in einer geraden »Ahnenreihe« mit dem modernen Menschen steht. Die Neanderthaler bildeten vielmehr einen eigenen Entwicklungszweig. Das gilt auch für die noch heute bekannten Affenarten wie Gorilla, Orang-Utan und Schimpanse mit ihren langen Vordergliedmaßen, die einen anderen Weg der Evolution gingen und ihrerseits wiederum Endformen darstellen. »Ein aufrechter Tiermensch, der den merkwürdigen Namen ›Proconsul‹ trägt, lebte vor etwa dreißig Millionen Jahren im Tertiär, lange bevor es Ur-Schimpansen und Ur-Gorillas gab. Der ›Proconsul‹ war ein ca. 125 cm großer Zweibeiner mit einer vertikal aufgerichteten Wirbelsäule.« (27)

Spektakuläre Funde in Texas gaben sogar Anlaß zu der Vermutung, daß es bereits im Kreidezeitalter vor 120 Millionen

Jahren Hominiden gab, die neben den Dinosauriern lebten. In der Evolutionsgeschichte des Menschen stehen wir offensichtlich vor vielen Rätseln und vor dem Phänomen unübersehbarer Zeiträume.

Dazu schreibt A. Ernest Wilder Smith: »Was ist Zeit schlechthin? Ohne Stoff könnte man sie nicht messen ... Wenn ich eine Rakete besteige und in das Universum zehn Jahre mit Lichtgeschwindigkeit hinausfahre, bin ich im ganzen zehn Jahre älter geworden, meine Frau, die auf Erden zurückblieb, vierundzwanzig Jahre. Wenn ich zwanzig Jahre hinausfahre und zurückkomme, ist die Welt hier unten 270 Jahre älter geworden. Wenn ich vierundzwanzig Jahre hinausfahre und zurückkomme, finde ich, daß meine Frau vor etwa 36 000 Jahren starb. Sollte es mir gelingen, sechzig Jahre hinauszufahren und zurückzukehren, wäre ich tatsächlich sechzig Jahre älter geworden, aber die Erde ist kaum wiederzuerkennen, denn sie ist um fünf Millionen Jahre älter geworden ... Vielleicht wurde der nach heutiger Rechnung Millionen von Jahren umfassende Evolutionsstammbaum tatsächlich in wenigen Tagen oder Sekunden durchlaufen, denn als die Welt erschaffen wurde, herrschten ganz andere Gesetze als die, die wir heute kennen.«

Am Anfang der Schöpfung gab es viel mehr Arten als heute, so daß die Lücke zwischen den Hominiden und Menschenaffen viel besser ausgefüllt war als heute. Warum sollte man die verschiedenen Hominiden nicht alle so deuten? Sie brauchen gar nicht voneinander abzustammen. Diese Sichtweise der Menschheitsgeschichte eröffnet völlig neue Perspektiven, die das uralte esoterische Wissen über das Mensch-Sein immer verständlicher werden lassen.

Um es mit den Worten Rudolf Steiners aus »Metamorphosen des Seelenlebens« auszudrücken, wäre die Evolution des Menschen eine Wandlung hin zu dem Bewußtsein und der Erkenntnis, »daß das Übersinnliche zuerst war und daß sich alles Sinnliche aus ihm entwickelt habe. Er (der Mensch) sieht, daß er selbst, bevor er zum ersten Male in diese sinnliche Welt gekommen ist, einer übersinnlichen angehört hat. Aber diese einstige übersinnliche Welt brauchte den Durchgang durch die sinnliche. Ihre Weiterentwicklung wäre ohne diesen Durchgang nicht möglich gewesen. Erst wenn sich innerhalb des sinnlichen Reiches Wesen entwickelt haben werden mit entsprechenden Fähigkeiten, kann die übersinnliche Welt wieder ihren Fortgang nehmen. Und diese Wesenheiten sind die Menschen.« (28)

Es scheint eine Tatsache zu sein, daß sich der Mensch für die aufrechte Haltung entschieden hat, um mehr Energie für das bewußte Gestalten seiner Wirklichkeit freizuhaben. Die aufrechte Wirbelsäule in Verbindung mit dem hochentwikkelten Gehirn schafft die Voraussetzung dafür, daß der Mensch einerseits mehr Handlungsfreiheit hat – er hat die Hände frei –, und andererseits wird sein Energieverbrauch für die Körperhaltung reduziert, und er kann mehr Energie auf andere Dinge verwenden. Die aufrechte Körperhaltung erfordert nur 18 Prozent Energie, während ein Tier 40 Prozent seiner Energie verbraucht, um sich auf vier Beinen zu halten.

Der Kopf des modernen Menschen hat einen Schädelinhalt von ca. 1000 bis 2400 Kubikzentimetern und ein Gewicht von vier bis fünf Kilogramm. Da dieser Kopf wie auf einer Säule getragen wird, braucht der Mensch weniger Muskelkraft, dieses Gewicht gegen die Schwerkraft auszubalancieren. Das Tier, dessen Kopf praktisch frei in der Luft schwebt, muß viel mehr Kraft aufbringen, um ihn zu halten. Dies ist auch der Grund dafür, warum Tiere mehr Schlaf brauchen als Menschen und sich viel öfter in eine Ruhelage begeben.

«Diese 18 Prozent Energie gelten allerdings nicht für den Durchschnittsmenschen, den ein gekrümmter Rücken, eine eingefallene Brust und ein nach vorne hängender Kopf kennzeichnen. Menschen mit solch einer Haltung sehen nicht nur schlecht aus, sie verbrauchen auch viel mehr Energie, als es notwendig wäre, ob sie stehen, sitzen, gehen oder eine Arbeit verrichten«, schreibt Dr. Diamond.

Sicherlich ist der Evolutionsprozeß des Menschen gerade in bezug auf seine aufrechte Körperhaltung noch nicht abgeschlossen. Wenn wir davon ausgehen, daß der Mensch aus einer ganz bestimmten Absicht heraus geschaffen wurde, ist seine Aufgabe so lange nicht erfüllt, bis er sein körperliches Sein mit Bewußtsein erfüllt hat, denn erst dann kann er seine Bestimmung erkennen und nach ihr leben. Dazu ist es notwendig, daß wir bewußt an die »Aufrichtekraft« anknüpfen.

Was ist Evolution nach alledem? Vielleicht bedeutet Evolution, daß der Mensch das, was er mit seinem Verstand gelernt hat, mehr und mehr mit dem kosmischen Bewußtsein verbindet. Die Anknüpfung an das höhere Bewußtsein findet dann statt, wenn der Mensch ein Energiekanal geworden ist und seine Energie ungehindert nach oben steigen kann. Die Verschmelzung menschlicher Erfahrung mit dem göttlichen Geist findet im Scheitelchakra statt. Erst wenn wir uns mit dieser höheren Energie verbunden haben, können wir Menschen als Werkzeug für die kosmische Verbindung dienen. Diese Entwicklungsstufe verkörpert der »Homo spiritualis«.

Alta-Major lehrt uns, daß wir uns bewußt aufrichten können, um zu dem zu werden, als der wir »gedacht« sind. Wir entwickeln uns dahin, unseren Körper wirklich zu einem Ausdrucksmittel für unsere kreative Energie werden zu lassen. Wir lernen, unseren Knick in der Wirbelsäule zu begreifen und uns bewußt ganz aufzurichten. Wir werden uns unseres physischen Seins bewußt.

»Auf dem traditionellen spirituellen Weg entsagt man mehr oder weniger stark der irdischen Welt. So kann man seiner Seele gegenüber aufrichtig sein und vermeidet die Auseinandersetzung mit dem Verhaftetsein und den Verhaltensmustern der physischen Persönlichkeit. Leider kann sich unser irdisches Sein auf diesem Weg niemals höher entwickeln. Schließlich verlassen wir unseren Körper, um uns in andere Bewußtseinsdimensionen zu begeben. Dadurch wird unsere physische

Welt niemals transformiert.« Diese Worte stammen von der Bestsellerautorin Shakti Gawain.*

Alta-Major ist der Weg, das physische Sein zu transformieren, indem wir eben nicht nur unserer Seele gegenüber aufrichtig sind, sondern unseren Körper aufrichten und damit die Synthese zwischen Geist und Materie bewußt herstellen. Das ist ein Sinn unseres menschlichen Daseins, den wir von unserer Warte aus begreifen und realisieren können. Wenn wir uns dazu entscheiden, diesen Entwicklungsschritt zu vollziehen, verändern wir nicht nur unseren Körper, sondern unsere gesamte Umwelt, hin zu Gesundheit und Harmonie!

* Shakti Gawain, »*Leben im Licht*«, erschienen als Ullstein Taschenbuch, Berlin 2003.

Kapitel 2

DIE QUELLE

»Der Meister sprach: »In der Schöpfung scheint es so, daß Gott im Gestein schläft, in den Blumen träumt, in den Tieren erwacht und im Menschen weiß, daß er wach ist.«

(Paramahansa Yoganada)

»Das Wissen darum, daß das Unerforschliche wirklich existiert und daß es sich als höchste Wahrheit und strahlendste Schönheit offenbart, von denen wir nur eine dumpfe Ahnung haben können – dieses Wissen und diese Ahnung sind der Kern aller wahren Religiosität.«

(Albert Einstein:
Das kosmische Erlebnis der Religion)

Was ist Körperintelligenz?

Jedes Lebewesen ist darauf bedacht, den Zustand der Gesundheit zu erhalten. Unser Körper ist in der Lage, jede Krankheit als Störfaktor seiner gesunden Funktion zu erkennen, und er wird immer versuchen, die betreffende Störung zu beheben. Anders ausgedrückt könnte man sagen, daß unser menschlicher Organismus immer danach strebt, sein körperlich-seelisches Gleichgewicht aufrechtzuerhalten.

Auf körperlicher Ebene ist unser Immunsystem die Instanz, die harmonische und disharmonische Einflüsse auf unseren Gesamtorganismus zu unterscheiden weiß. Man könnte sagen, daß wir eine Körperintelligenz besitzen, die genau weiß, was uns schadet und was uns nützt. Was hat es nun mit der Intelligenz unseres Körpers auf sich?

Es würde den Rahmen dieses Buches sprengen, die hochkomplizierte Funktionsweise unseres Immunsystems zu untersuchen (wir sprachen davon im Kapitel über die Thymusdrüse). Hier soll es genügen, anzuerkennen, daß unser Körper eine ihm eigene Intelligenz besitzt, die wiederum komplizierte und an Wunder grenzende Aktionen und Reaktionen in Gang setzt. Wie viele unerforschte Geheimnisse unser Wunderwerk Körper noch immer birgt, wird den Wissenschaftlern aller Disziplinen gerade durch Forschungsergebnisse immer bewußter. Deshalb will ich Sie im Folgenden mit Sichtweisen vertraut machen, die uns zu einer umfassenderen, holistischen Sichtweise der Einheit Körper, Geist und Seele führen.

Teilweise sind wir uns unserer »Körperintelligenz« nicht bewußt; dies gilt beispielsweise für das Eindringen eines Virus in unseren Körper, das wir nicht bewußt wahrnehmen. Unser Körper jedoch registriert den Eindringling sofort und trifft seine Gegenmaßnahmen. Durch seine Reaktion werden wir veranlaßt, unser Verhalten so zu verändern, daß es zu unserer Gesundung beiträgt, das heißt, daß wir unsere Abwehrkraft unterstützen können. Wir verstehen die Sprache unseres Körpers, indem wir wahrnehmen, was uns zusätzliches Leiden erspart und was uns Entlastung bringt. Krankheit und Schmerzen sind eine Botschaft unseres Körpers; durch sie werden wir darauf aufmerksam gemacht, daß wir unser Verhalten gemäß unserem Wesen ändern sollen. Vielleicht müssen wir dafür sogar im Augenblick ein Vorhaben aufgeben, um unserem Körper Zeit zu geben, sich zu regenerieren. In diesen Phasen können wir auch von unserem Verstand her begreifen, daß unser Körper das Werkzeug ist, das wir brauchen, um den Anforderungen gewachsen zu sein, die wir von unserem Intellekt her geplant haben. Die innere intelligente Instanz unseres Körpers gibt uns einen Hinweis des Lebens, der uns führt. Dort, wo es uns gutgeht, tun wir unserem Wesen wohl; wo es uns schlechtgeht, kann es sein, daß wir uns gegen unser ureigenes Wesen vergehen.

In gleicher Weise können wir die Intelligenz unseres Körpers erkennen, wenn wir unseren Körper wieder in die Haltung bringen, die uns wesensgemäß ist, und ihm damit die Möglichkeit geben, in seine eigentliche »Ausrichtung« zurückzukommen, das heißt innerlich wieder ins Lot zu kommen. Wenn wir unsere Wirbelsäule aus dem Knick aufrichten, begreift unser Körper sofort, daß ihm das Aufrichten guttut. Die Aufwärtsbewegung erscheint ihm ganz natürlich. Es ist, als ob wir eine innere Instanz wiedererwecken, die nur auf den Impuls zum Aufrichten gewartet hat.

Unser Körper ist unser bester Freund, der uns jeden Tag unseres Lebens dient. Als unser Freund und Diener ist er immer bestrebt, uns gesund am Leben zu erhalten; gleichzeitig versucht er, Mittel zu finden, uns als »Lehrer« durch die Schule des Lebens zu begleiten. Wenn uns unser Körper durch Krankheit eine Lektion erteilt, erhalten wir dadurch die Möglichkeit, in tiefste Verbundenheit mit ihm und in einem weiteren Schritt in Kontakt mit unserem inneren Wesen zu kommen. Unser Körper »weiß« daher auch, wann er uns zu bestimmten Zeiten in unserem Leben krank machen muß, damit wir Veränderungen einleiten, die unserer seelischen Gesundheit dienen. Woher nimmt unser Körper dieses Wissen, uns in seiner Sprache immer die Botschaften zu geben, die für unser Wachstum notwendig sind?

Intelligenz entsteht in unserem Gehirn, so sind wir wenigstens zu glauben geneigt. Doch unser Gehirn ist nichts anderes als ein Teil unseres Körpers, der aus Materie besteht. Darüber hinaus ist unser Gehirn nicht nur auf den Raum im Schädel begrenzt. Es verjüngt sich im Hinterhauptsloch und setzt sich über die Nervenstränge in der Wirbelsäule fort. Dort tritt es, wie Äste aus einem Baumstamm, über die Nerven aus und »verästelt« sich in unserem ganzen Körper. Unser Gehirn reicht also bis in die kleinste Körperzelle. Doch immer noch bleibt die Frage offen, warum unser Gehirn und damit unsere Körperzellen »intelligent« reagieren. Ein weiteres Rätsel stellt sich, wenn wir uns überlegen, daß unser Gehirn über die Nerven nicht nur Botschaften in die Zellen »sendet«, sondern von jedem Körperteil wiederum über die Nerven Botschaften »empfängt«.

Woher stammt die Intelligenz, die einen lebendigen oder intelligenten Vorgang stattfinden läßt? Es scheint, als ob zwei getrennte Instanzen zusammenwirken: unser Gehirn und eine mysteriöse, höhere Intelligenz. Man könnte sagen, daß das Gehirn die Trägersubstanz von Geist ist. Durch die Verästelung des Gehirns in die Nerven ist daher unser Körper bis in jede seiner Zellen im wahrsten Sinne des Wortes »vergeistigt«.

Die Intelligenz, die sich über unser Gehirn in unserem Körper »materialisiert«, ist nicht stofflich in dem Sinne, wie wir Materie wahrnehmen. Dennoch ist sie eine Art »Stoff«, und ihr Vorhandensein ist unbestritten.

«Als Physiker, also als Mann, der sein ganzes Leben der nüchternen Wissenschaft, der Erforschung der Materie diente, bin ich sicher von dem Verdacht frei, für einen Schwarmgeist gehalten zu werden. Und so sage ich nach meinen Erforschungen des Atoms folgendes: Es gibt keine Materie an sich! Alle Materie entsteht und besteht nur durch eine Kraft, welche die Atomteilchen in Schwingung bringt und sie zum winzigsten Sonnensystem des Atoms zusammenhält. Da es im ganzen Weltall aber weder eine intelligente noch eine ewige (abstrakte) Kraft gibt, ... so müssen wir hinter dieser Kraft einen bewußten intelligenten Geist annehmen.« (29) Dieses Zitat stammt von dem Naturwissenschaftler Max Planck.

Wollen wir es dabei bewenden lassen, denn an dieser Stelle überschreiten wir die Grenze zur feinstofflichen, energetischen Welt, in der unsere Seele und unser höheres Bewußtsein wurzeln.

Wie wir diesen nichtstofflichen Aspekt unseres Menschseins bezeichnen, von dem unsere Körperintelligenz herrührt, ist nicht von Bedeutung. Wir wollen hier vom Göttlichen sprechen. Andere mögen vom Höherem Selbst* oder höherem Bewußtsein, wieder andere von der übersinnlichen Welt sprechen, je nachdem, wie es ihrem individuellen Vorstellungsvermögen entspricht. Wir alle aber bezeichnen damit ein und dasselbe, nämlich eine übergeordnete Instanz, an die wir angeschlossen und mit der wir auf geheimnisvolle Weise verbunden sind. Diese göttliche Instanz spiegelt sich in jedem Lebewesen wider.

In diesem Sinne gewinnt Religion ihre Neutralität zurück, indem sie nichts anderes aussagt, als daß jeder Mensch auf seine eigene, individuelle Art mit etwas in Verbindung steht, was »außerhalb« der materiellen oder physischen Welt existiert. Wenn wir uns dessen bewußt werden, findet eine Rückverbindung statt, welche wir als unsere Religion empfinden (lat. religere = sich wieder verbinden, sich »rückverbinden«).

Fühlen wir nicht immer wieder das Geheimnis, das in uns und um uns und durch uns und unser Leben existiert? Ist es nicht möglich, daß wir unseren »Übersinn« immer mehr erkennen, je mehr wir unser »Bewußt-Sein« entwickeln – und nicht nur unser Bewußtsein? Ist es nicht vorstellbar, daß sich uns viele Geheimnisse eröffnen, wenn wir unsere Wahrnehmung erweitern und die Dinge von einer Perspektive der Verbundenheit mit dem Göttlichen aus betrachten?

Solange wir uns als Mensch auf dem Planeten Erde befinden, sind wir immer in unserem Körper zu Hause. Der Körper ist unser irdisches Vehikel, mit dem unsere Seele ihre Erfahrung machen will. Daher können wir auch sagen, daß unser Körper das Gefäß für die göttliche Energie ist, die durch uns wirken will. Unser physischer Körper, als eine Art Trägersubstanz, ist an eine Quelle angeschlossen, die unserer göttlichen »All-Verbundenheit« entspringt. In unserem physischen

* So spricht Safi Nidiay vom Höheren Selbst in ihrem Buch »*Ihr höheres Selbst* «, erschienen als Ullstein Taschenbuch, Berlin 2003.

Sein findet eine Durchdringung von Energien statt. Die feinstofflichen Energien des Göttlichen durchdringen die grobstofflichen Energien unseres Körpers. Wir können dies vielleicht am besten mit dem vergleichen, was wir als die »Aus-Strahlung« eines Menschen bezeichnen.

Was durchdringt nun unseren Körper?

Es ist die Lebensenergie, auch Prana, Om, Chi, Ki, Bioenergie oder Licht genannt, die aus reinem, göttlichem Bewußtsein besteht. Es ist der Geistfunke, der den Leib beseelt, die kosmische Intelligenz des göttlichen Plans. Diese Intelligenz ist ein Teil von uns. Wir leben durch sie, ob wir uns dessen bewußt sind oder nicht. Sind wir uns dieser Tatsache aber bewußt, können wir uns dieser Kraft auch bewußt bedienen und sie durch uns wirken lassen. Jeder Mensch hat die Möglichkeit, sich diese Quelle zu erschließen, indem er sich mehr und mehr für diesen Teil von sich öffnet. Wir können uns von der Lebensenergie mehr und mehr durchdringen lassen, da sie uns in jedem Augenblick uneingeschränkt zur Verfügung steht.

Wie aber findet diese Durchdringung statt? Esoterischen Lehren zufolge tritt die göttliche Energie an einer »Öffnung« in den Körper ein und wird durch einen Kanal in die Energiebahnen (Nadis) des Körpers gelenkt. Dieser Kanal (Suschumna-Kanal: siehe Kapitel 2 »Was sind Chakras?«) dient dazu, daß die Energie sich nicht formlos verströmt, wie Strahlen, die den Körper durchdringen, aber wieder aus ihm austreten. Die Energie muß an einer Stelle in den Körper eintreten können, um umgewandelt zu werden und wieder austreten zu können. Dieser Durchlaß befindet sich anatomisch an der Stelle, wo das Rückenmark in das »verlängerte« Mark mündet. Wie Sie bereits wissen, bezeichnen esoterische Schulen diesen Punkt als den »Alta-Major-Punkt« oder das »Alta-Major-Zentrum«.

Wenn wir uns vorstellen, daß unser Gehirn der Träger von Geist ist, können wir uns auch vorstellen, daß der Punkt, an dem das Gehirn in den Körper übertritt, auch die Stelle ist, wo unser Körper die Möglichkeit zur Vergeistigung bekommt. Diese wichtige »Übergangsstelle« ist, wie Sie bereits wissen, der »Alta-Major-Punkt«.

Das Alta-Major-Zentrum ist das Tor, wo der Geist in den Körper eingeht. Daher bezeichnen die Sufis diesen Punkt als »Tor für Licht und Wahrheit«. Im Taoismus wird er auch der »Mund Gottes« genannt. »Das verlängerte Mark – eines der wichtigsten Organe, weil es die kosmische Lebensenergie (OM) in den Körper einströmen läßt – steht in polarer Beziehung mit dem Zentrum des Christusbewußtseins, das sich im ›einfältigen‹ Auge zwischen den Augenbrauen (Stirnchakra, Anm. d. Verf.), der menschlichen Willenskraft, befindet. Diese Energie wird im siebten Zentrum, dem Gehirn, gespeichert, wo sie ein Reservoir unerschöpflicher Möglichkeiten bildet (in den Veden ›Tausendblättriger Lotus des Lichts‹ genannt). In der Bibel wird OM als Heiliger Geist bezeichnet: Es ist die unsichtbare Lebenskraft, die die ganze Schöpfung *aufrechterhält.*« (30) Dieses Phänomen liefert auch eine Erklärung dafür, daß es Menschen gibt, die ohne Nahrung leben können, wie Therese Neumann von Konnersreuth, die heilige Katharina von Siena, der heilige Nikolaus von der Flüe. (31)

Unser Gehirn wird im allgemeinen nur zu zehn Prozent genutzt. In den restlichen neunzig Prozent liegt ein ungeheures Potential verborgen, das wir noch nicht erschlossen haben. Wir haben die Möglichkeit, »Licht und Wahrheit« zu leben und zu sein – das heißt, das in uns schlummernde Potential zu »Bewußt-Sein« zu entfalten, je nachdem, wie stark der Fluß von unserem Gehirn in unseren Körper möglich ist. Wie stark wir uns für dieses Potential öffnen, hängt davon ab, wie sehr unser Alta-Major-Tor geöffnet ist.

Wenn unsere Halswirbelsäule aufgrund einer Fehlhaltung abgeknickt ist, wird das Alta-Major-Tor verengt. Es kann sich nicht in vollem Maße für die göttliche Lebensenergie öffnen. Es läßt sich aber mehr und mehr öffnen, je mehr wir uns aufrichten. Die Lebensenergie kann dann ungehindert durch uns hindurchfließen. Wenn wir uns aufrichten und unseren Alta-Major-Punkt öffnen, verbinden wir uns mit der Lebensenergie, die uns in jedem Augenblick unseres Lebens mit allem versorgt, was wir brauchen!

Wie können wir uns mit der Lebensenergie verbinden?

Jeder Mensch und jedes Lebewesen ist mit der Lebensenergie verbunden. Die Lebensenergie ist der göttliche Funke, der uns lebendig macht. Die Lebensenergie ist reine Schöpferkraft. Sie strebt immer nach Entfaltung und Verwirklichung – nach Wachstum und Harmonie. Anders ausgedrückt könnte man sagen, daß die Lebensenergie nach Vollkommenheit in jedem Wesen strebt. Da jeder von uns mit der Lebensenergie verbunden und Träger der Lebensenergie ist, kann jeder zu seiner inneren und äußeren Vollkommenheit gelangen, denn:

Unsere eigentliche Aufgabe ist es, dieser Lebensenergie Ausdruck und Gestalt zu verleihen in dem, was in uns wirkt, und in dem, was durch uns »wirksam« wird. So verstehen wir das Alta-Major-Tor als den »Mund Gottes«, durch den die Lebensenergie in uns zur Wirkung gelangen kann. Die Wirbelsäule wird in der Symbolik des Taoismus als die »Flöte Gottes« bezeichnet, auf der Gott sein Lied spielt. Dies ist ein schönes Bild dafür, daß unser Körper das Werkzeug ist, mit dem wir die Lebensenergie in Handlung umsetzen, das heißt, sie durch uns wirksam werden lassen!

Vollkommenheit darf nicht mit Perfektionismus verwechselt werden. Wir sind nicht dazu gedacht, alles perfekt zu beherrschen. Jeder Mensch hat sein individuelles Potential –seine einmaligen Fähigkeiten – mit in dieses Leben gebracht, das er als seinen Beitrag zu dieser Welt leisten kann. Dieses Potential gilt es zu finden und zu entfalten, denn darin liegt die individuelle Vollkommenheit jedes einzelnen von uns. Wir sind alle mit einer ganz bestimmten Aufgabe auf der Welt betraut, die sich harmonisch in das Zusammenwirken aller Menschen einfügt. Wenn wir das Potential in uns entdecken, das wir mitbekommen haben, um genau diese Aufgabe erfüllen zu können, sind wir mit unserem Inneren in Harmonie. Wenn wir innerlich harmonisch sind, werden wir auch unser Handeln und unser Wirken harmonisch in das Ganze einfügen. Wenn wir innerlich ins Lot kommen, bekommt auch unsere äußere Umgebung eine Form, die unserer inneren Haltung entspricht. Was bedeutet das für uns?

Wir sind dann vollkommen, wenn wir die Lebensenergie uneingeschränkt durch uns wirken lassen. Ein Mensch, der eine schöne Stimme besitzt, hat die Aufgabe, dieses Potential zu verwirklichen, indem er singt. Wenn wir das tun, was uns »beflügelt«, sind wir mit unserer Lebensenergie verbunden. Wenn wir spüren, wo wir unser innerstes Wesen wahrnehmen, sei es durch Musik, durch die Natur oder durch alles, was uns »erhebt«, kommen wir in Verbindung mit der Lebensenergie, die uns im wörtlichsten Sinne »aufrichtet«, weil wir dann mit dem Göttlichen verbunden sind. Wir arbeiten nicht mehr nur, um zu überleben, sondern um kreativ zu sein und unserer Lebensenergie einen äußeren Ausdruck zu verleihen.

Je mehr wir uns innerlich und äußerlich aufrichten, unsere Fähigkeiten entdecken und Rückgrat und Stärke spüren, desto mehr Lebensenergie kann uns durchströmen. Ist es nicht ein Wunder, daß, je mehr wir uns aufrichten, wir auch »Rückgrat« beweisen, indem wir uns unserer Stärke und unserer Fähigkeiten bewußt werden?

Wenn wir uns innerlich und äußerlich aufrichten, wird unsere Wirbelsäule zu einem Kanal für die Lebensenergie. Wir werden so mit Lebensenergie versorgt, wie wir es brauchen, um unsere individuellen Fähigkeiten entfalten zu können. Wir sagen »ja« zu uns, unserer Lebendigkeit und inneren Lebensart: »Ja, ich möchte mich so verwirklichen, wie ich gedacht bin!« Mit dieser Einstellung sind wir schöpferisch – im Einklang mit uns selbst, unseren Mitmenschen, der Natur und der Welt. Wir sind ein Teil der Schöpfung und verbünden uns mit ihr: Wir werden zu Mit-Schöpfern!

Die aufrechte Körperhaltung ist das Ja zum Leben. Durch das Aufrechtsein wird das Alta-Major-Zentrum zu der Öffnung, durch die die Lebensenergie in unseren physischen Körper einströmt. Wir werden aufrecht und aufrichtig zu dem Menschen, als der wir »gedacht« sind; dadurch wird das Alta-Major-Zentrum in uns wirklich zu einem Tor für Licht und Wahrheit. Wir bringen unsere Lebensenergie, unser Licht und unsere Wahrheit in die Welt.

Wenn wir uns aufrichten und uns dem Leben zeigen, werden wir vom Leben – in Form von anderen Menschen – auch wahrgenommen. Nur wenn wir uns zeigen, kann uns das Leben dort einsetzen, wo unsere Fähigkeiten verwirklicht werden können. Wenn wir uns aber »ducken« und den Kopf einziehen, werden wir »übersehen«; das Leben bringt uns dann in genau die Situationen, in denen wir mit unserem »Bedrücktsein« konfrontiert und uns unserer Haltung bewußt werden. Das Leben ist unser »Zen-Stock«, der uns daran erinnern will, daß wir uns entscheiden können, uns aus unserem Bedrücktsein aufzurichten, daß unsere Lebensaufgabe darin besteht, unser inneres Wesen im wahrsten Sinne des Wortes zu »verkörpern«!

Nicht das Leben verschließt sich uns, wir verschließen uns unserer Lebensenergie, wenn wir sie aufgrund unserer inneren und äußeren Haltung nicht frei durch uns wirken lassen. Die Lebensenergie steht uns in jedem Augenblick in vollem Maß zur Verfügung. Je mehr wir erkennen, daß wir aufrecht gedacht sind, desto mehr lernen wir, daß uns unser Körper durch Krankheit oder Schmerzen Botschaften gibt, daß unsere Lebensenergie in unserer jetzigen Lebenssituation nicht ungehindert fließen kann. Jede Krankheit ist ein Lernschritt, »wesentlicher« zu werden, das heißt, unserem Wesen gemäß zu leben und zu handeln. Daher sind wir auch in der Wahrnehmung unseres Ist-Zustandes immer vollkommen, denn: Durch Leiden bildet Gott seine »Experten« aus!

Alles, was uns Freude macht, bringt uns in Verbindung mit unserer Lebensenergie. Alles, was uns Spaß macht, uns erhebt, beflügelt und glücklich macht, stärkt den Fluß unserer Lebensenergie. In allem, was uns Freude macht, liegt eine Aufgabe verborgen, die wir für uns und andere vollbringen sollen. Wenn wir eine schöne Stimme bekommen haben, sollen wir dieses Potential in Form von Gesang zum Ausdruck bringen, damit andere Menschen unsere Stimme hören können. Wenn wir unserem inneren Wesen keinen Ausdruck verleihen, so ist das, als würden wir ein Geschenk zurückweisen.

Immer, wenn wir Liebe, Dankbarkeit, Annahme und Bereitschaft zeigen, sind wir in Kontakt mit der heilsamen Lebensenergie. Auch wenn uns diese Empfindungen im Augenblick nicht möglich sind, können wir uns mit unserer Lebensenergie verbinden, indem wir Mitgefühl und Verständnis mit uns haben und liebevoll zu uns selbst sind. Indem wir uns auch im Leiden entscheiden, zu lernen und zu wachsen und die Aufgabe zu meistern, die uns das Leben gerade geschickt hat, sind wir offen für die göttliche Energie und bekommen jede Unterstützung, die wir brauchen, um unser inneres Wesen mehr und mehr verkörpern zu können!

Der innere Heiler oder mein Schutzengel

Die Erfahrung, daß uns die Lebensenergie mehr und mehr durchströmt, je mehr wir uns aufrichten, ist die Quelle für Liebe. Durch das Ja zu uns selbst kann sich die heilsame Kraft der Liebe in uns ausbreiten. Liebe ist das Geheimnis des inneren Heilers in jedem Menschen. Liebe ist das Gefühl, das in uns entsteht, wenn wir in Verbindung mit unserer Lebensenergie sind und sie durch uns wirksam werden lassen. In dieser Verbindung geschieht Heilung – wahre innere Heilung durch uns selbst und unseren inneren Heiler, den wir auch unseren »Schutzengel« nennen können.

Der innere Heiler ist der Verbündete der Lebensenergie, der Energie der Liebe. Liebe heilt. Liebe ist die Energie, mit der uns unser Schutzengel überschüttet.

Jeder Mensch hat seinen eigenen Schutzengel. Wenn wir unsere innere Stimme hören, ist das die Stimme unseres Schutzengels, der uns eine Botschaft gibt. Wir ahnen kaum, wie viele Wesenheiten um uns sind, die an nichts anderem interessiert sind, als uns zu helfen, unser inneres Wesen zu verwirklichen, damit wir ein Werkzeug für das Göttliche werden! Doch solange wir unserem eigenen Schutzengel nicht vertrauen, können wir uns vom Intellekt her niemals vorstellen, wieviel Hilfe und Unterstützung für jeden einzelnen von uns vorhanden ist. Wenn wir uns wieder mit unserem Schutzengel verbünden, stärken wir ihn in seiner Wirksamkeit, und er kann immer mehr für uns tun, was in unserem ganz alltäglichen Leben ständig fühlbar ist. Die Wirksamkeit unseres Schutzengels begegnet uns jeden Tag, immer wenn wir spüren, daß wir durch eine geheimnisvolle Kraft geschützt und geführt werden. Sind Sie Autofahrer? Wenn ja, dann kennen Sie vielleicht dieses komische Gefühl: »Ich will auf diesem Weg lieber mal achtgeben!«, und schon schießt ein Radfahrer vor Ihre Räder. Oder: »Fahr lieber ein bißchen mehr nach rechts in dieser unübersichtlichen Kurve«, und schon donnert Ihnen ein schwerer Lastwagen mit Anhänger halb auf Ihrem Fahrstreifen entgegen. Ist das Radar? Aber wir sind doch keine Fledermäuse?! Oder vielleicht doch? Aber wessen Radar ist es dann? Liegt es nicht vielmehr auf der Hand, daß wir ein Zeichen von der himmlischen Kontrollstation kriegen? Ist es nicht ganz schön arrogant zu glauben, daß es unser eigenes »gutes Gefühl« sei? (32) Oft werden wir uns unseres Schutzengels bewußt, besonders dann, wenn wir in Gefahr sind und unser Leben bedroht ist. Auch Sterbende werden ihres Schutzengels gewahr. Die bekannte Ärztin und Sterbeforscherin Dr. Elisabeth Kübler-Ross berichtet: »Es ist gerade während dieser Austritte aus dem Körper, von denen uns die sterbenden Kinder und Erwachsenen erzählen, daß sie der Gegenwart der sie umgebenden Wesen gewahr werden, von denen sie geführt werden und Hilfe bekommen. Kleine Kinder nennen sie oft ihre ›Spielkameraden‹. Die Kirchen haben ihnen den Namen ›Schutzengel‹ gegeben, während sie von den meisten Forschern als ›Geistführer‹ bezeichnet werden. Es ist unwichtig, welche Bezeichnung wir ihnen geben. Aber es ist wichtig zu wissen, daß jeder Mensch von dem Augenblick an, wo er den ersten Atemzug tut, bis zu dem Augenblick, wo er sich der Verwandlung übergibt und somit seine physische Existenz beendet, von Geistführern und Schutzengeln umgeben wird, die auf ihn warten und ihm bei der Umwandlung von einem Leben in das andere jenseits des Todes behilflich sein werden.« (33)

Wunder geschehen jeden Tag, wir nehmen sie oft nur nicht bewußt wahr!

Als Kinder glaubten wir alle an unsere Schutzengel und die Wunder, die sie für uns vollbringen. Kann es nicht sein, daß wir, nur weil man uns gesagt hat, daß es keine Wunder und keine Schutzengel gibt, sie deshalb nur vergessen und uns nie mehr darum gekümmert haben? »Die Himmelsleiter, die himmlische Pforte, wie Jakob sie in Bethel sah, existiert noch immer. Aber unsere materialistische Zeit hat sie verdunkelt. Und jetzt, wo ich dies schreibe, bemerke ich plötzlich, daß ich Goethe zitiere: ›Die Geisterwelt ist nicht verschlossen, dein Sinn ist zu, dein Herz ist tot!‹« schreibt Dr. Moolenburgh, ein holländischer Arzt, der sich mit der Erforschung von Engeln beschäftigt hat. »Und die Rückkehr der Engel ins menschliche Bewußtsein könnte durchaus eine der größten Überraschungen des zwanzigsten Jahrhunderts werden.« (34)

Alta-Major eröffnet uns ein Wunder, weil wir durch unser Aufrechtsein unser Herz öffnen und zu immer mehr Bewußt-Sein gelangen. Unser Schutzengel steht in jedem Augenblick unseres Lebens an unserer Seite. Er begleitet uns auf dem Weg, um uns aufzurichten, und gibt uns jede Unterstützung, unser inneres Wesen mehr und mehr zu entfalten, wenn wir ihm nur die Möglichkeit dazu geben! Wenn unsere Lebensenergie durch eine aufrechte Körperhaltung frei durch uns fließen und wirksam werden kann, bewirken wir unsere Heilung, indem wir innerlich und äußerlich heil werden – und unser Schutzengel steht bereit, um uns dabei behilflich zu sein!

Nichts anderes will die Schule des Lebens mit all ihren Lektionen, die wir als unser »Karma« oder unser »Schicksal« bezeichnen!

Was ist Karma?

Karma (altind. »Tat«) beruht auf dem Gesetz von Ursache und Wirkung. Unsere Handlungen bestimmen, welche Wirkungen wir in unserem Leben hervorrufen, das heißt, unser Handeln ist die Ursache für die Reaktion, die wir darauf erhalten. Der Begriff »Karma« wird oft mißverstanden und als unabänderliches Schicksal gedeutet, das uns auferlegt wurde, um alte Schuld und alte Sünden abzutragen. Karma wird fälschlich als Strafe für ein bestimmtes Verhalten in einem früheren Leben betrachtet.

Wir betrachten Karma nicht als Strafe, weil es uns dadurch sehr schwerfällt, die Lektionen zu akzeptieren, die uns das Leben gibt, damit wir lernen und wachsen. Die wirklichen Probleme in unserem Leben entstehen erst dadurch, daß wir uns gegen eine bestimmte Situation auflehnen. Entweder wir vergleichen diese Situation mit einer vergangenen und bedauern, daß es jetzt nicht mehr so ist wie damals. Oder wir lehnen sie ab, indem wir etwas anderes erwarten. »Die meisten Menschen sehen all ihre schweren Lebensbedingungen, ihr Geprüftwerden, ihre Drangsale, ihre Schrecknisse und alle Verluste als einen Fluch an, als eine Strafe Gottes, als etwas Negatives. Wenn man doch nur begreifen würde, daß *nichts,* was einem begegnet, negativ ist, ich betone, *überhaupt nichts*!

Alle Schicksalsschläge, Leidenserfahrungen, selbst die größten Verluste, die man durchzumachen hat, auch alle Dinge, von denen man im nachhinein sagt: ›Wenn ich das vorher gewußt hätte, hätte ich nicht geglaubt, daß ich das durchstehe‹, alle diese Härten, die wir gerne für negativ halten, sind in Wahrheit Geschenke. Unser Schicksalsweh und Leid ist eine Gelegenheit, die uns gegeben wird, um seelisch zu wachsen. Dies ist der alleinige Grund unserer Existenz auf Erden. Man kann nicht seelisch wachsen, wenn man im Luxus der vollkommenen Erfüllung aller Wünsche schwelgt. Aber man wächst, wenn man Krankheiten überwindet, wenn man Schmerzen übersteht, wenn man einen schmerzlichen Verlust hinnehmen kann. Aber nur, wenn man nicht seinen Kopf in den Sand steckt, sondern den Schmerz *annimmt* und ihn zu begreifen sucht, und zwar nicht als einen Fluch oder als eine Bestrafung, sondern als Geschenk für sich, um damit einen ganz bestimmten Zweck zu erfüllen.« (35)

Was also bedeutet Karma? Karma ist die Schule des Lebens, in der wir Lernende und Lehrer gleichzeitig sind, indem wir einerseits durch die Erfahrungen lernen, die wir mit anderen Menschen machen, und andererseits unseren Mitmenschen ermöglichen, mit uns wiederum ihre Erfahrungen zu machen. Die Schule des Lebens läßt sich mit den Lektionen vergleichen, wie wir sie als Kinder lernten. Wenn wir unsere Lektion noch nicht ganz verstanden haben, wiederholen wir sie so lange, bis wir die Lernstufe gemeistert haben.

Der zentrale Sinn von Karma ist, Mitgefühl zu lernen. Jedes Leid, das wir an uns selbst erfahren, will uns dahin führen, Mitgefühl zu entwickeln. Mitgefühl mit uns selbst – und dadurch mit anderen. Wenn wir beispielsweise als Kind die Erfahrung gemacht haben, ungerechtfertigt geschlagen worden zu sein, können wir aus dem am eigenen Körper erfahrenen Schmerz heraus »mitfühlen«, wie es sich anfühlt, ungerecht geschlagen zu werden. Das Mitgefühl, das wir durch unsere Lernerfahrungen mehr und mehr entwickeln, führt letztendlich zu der bedingungslosen Liebe, welche in dem Augenblick in uns erwacht, wo wir uns mit dem Göttlichen wieder verbunden haben – und unser eigentliches göttliches Wesen erblüht ist.

Jede Aufgabe, die uns das Leben stellt, ist eine Chance zu lernen, und jeder Mensch, der uns in unserem Leben »geschickt« wird, ist ein Lehrer, durch den wir eine bestimmte Erfahrung machen dürfen. Die Regie des Lebens ist so vollkommen, daß wir mit dem Augenblick unserer Geburt, in dem wir uns in diesem Leben verkörpern, genau die Bedingungen vorfinden, die uns später zu den Lernerfahrungen und Prüfungen führen, die wir brauchen, um mehr und mehr Mitgefühl und Liebe in uns zu entwickeln.

Falls Sie als Kind geschlagen worden sind, ist es möglich, daß Sie diese Erfahrung gemacht haben, weil Sie in einem früheren Leben selbst ein Kind geschlagen haben, nur weil Sie eben zu dem damaligen Zeitpunkt noch nicht wußten, wie sich diese Verletzung, dieser Schmerz anfühlt. Wir werden nie jemand anderem Schmerz zufügen, wenn wir an uns selbst gefühlt haben, wie weh es tut. Daher ist es für uns auch so wichtig, uns unseres Körpers bewußt zu sein, weil wir dann genau spüren, was unserem Körper guttut und was ihn verletzt. Das Leben gibt uns immer wieder Botschaften, aus denen wir lernen können. Wenn wir jedoch nicht hinhören, muß sich das Leben auf schmerzhafte Art Gehör verschaffen, indem es uns die Botschaft dadurch vermittelt, daß wir von Menschen verletzt werden, die uns nahestehen, oder unser Körper krank wird, einfach deshalb, weil wir dann bereit sind hinzuhören!

Wir können uns vorstellen, daß wir unser Leben vom Augenblick unserer Zeugung an genauso geplant haben, wie wir es bis jetzt erfahren. Wir haben bereits im Mutterleib begonnen, die Erfahrungen zu machen, die uns zu seelischem Wachstum verhelfen. Da wir mit der Mutter und ihrem Stoffwechsel verbunden waren, haben wir bereits im Mutterleib an ihren Emotionen und Erlebnissen teilgenommen. Wenn unsere Mutter während der Schwangerschaft einen Unfall hatte oder Todesangst empfand, die natürlich auch in ihrer Körperreaktion zum Ausdruck kam, haben wir diese Angst ebenfalls wahrgenommen. Konnte sich unsere schwangere Mutter liebevoll, ruhig und voller Freude auf unsere Geburt vorbereiten, haben wir diese Stimmung ebenso in uns aufgenommen.

Die Reaktionen im Erleben der Mutter, die sich auch in ihren körperlichen Reaktionen spiegeln, prägen sich dem Kind ein, so daß es später die hundertprozentig richtige Basis hat, um nach der Geburt die Aufgabe zu bekommen, die ihm zusteht. Da sich jedes Erleben in unserer Körperhaltung widerspiegelt, sind die »wunden Punkte« oder Schwachstellen in unserer Wirbelsäule bereits bei unserer Geburt vorgezeichnet. Es sind die Kerben, in die das Leben später schlagen wird, weil wir hier den »Knick« bereitwillig aufnehmen als manifestierte Lernaufgabe, die wir für unsere Weiterentwicklung brauchen.

Das Leben führt uns in alle noch nicht bewältigten Lernaufgaben, weshalb wir uns immer genau die richtigen Eltern ausgesucht haben, weil wir nur bei diesen Eltern die dazu notwendigen Erfahrungen machen können. Die Knicks sind beim Kind noch nicht sichtbar (in seltenen Fällen werden sie jedoch bereits bei der Geburt manifest, wenn das Kind einen tiefen Schock erlebt), sondern manifestieren sich erst, wenn das Kind bereit ist zu reagieren, das heißt in einer bestimmten Situation eine bestimmte Körperhaltung einzunehmen.

Die Regie des Lebens ist so perfekt, daß wir genau die richtigen »Nackenschläge« im Leben empfangen, denn dadurch, daß wir uns dieser »Nackenschläge« oder »Geknicktheit« bewußt werden, erkennen wir plötzlich die Freiheit, daß wir uns entweder aufrichten oder in dieser Haltung bleiben können. Unser Knick hilft uns, unsere Aufgabe zu erkennen. In diesem Moment können wir entscheiden, ob wir das Leben mit allem, was es uns bietet, annehmen und dabei selbst aktiv sein wollen. Wir können uns aber auch entscheiden, passiv zu bleiben und nach Schuld oder Schuldigen für unser Geknicktsein zu suchen.

Es geht in diesem Leben nicht darum, immerzu nur glücklich zu sein: Es geht darum, wach zu sein! Warum sollten wir nicht ab und zu einmal traurig sein? Wichtig ist, daß wir unsere Traurigkeit oder unsere Trauer bewußt durchleben und uns dann entscheiden, uns wieder aufzurichten. Wach zu sein bedeutet, Glück und Harmonie ebenso zuzulassen und anzunehmen wie Leid und Schmerz.

Leben ist immer in Bewegung. Das spiegelt sich in unserer inneren »Bewegtheit«, wenn wir lebendig und flexibel sind, anstatt in einer bestimmten Haltung zu erstarren.

Es geht darum, die Wirbelsäule flexibel zu machen und wie ein Baum zu werden, der im Wind hin und her schwingt, um sich immer wieder in seiner Mitte einzupendeln. Wenn der Baum nicht elastisch wäre, würde ihn der erste große Sturm entwurzeln. Wenn wir mit dem Auf und Ab des Lebens bewußt »mitschwingen«, um immer wieder zu uns selbst zu finden und ins Lot mit uns zu kommen, spüren wir, daß wir ein Teil dieses Lebens sind und unseren ganz individuellen Platz darin einnehmen – wie in einem großen Orchester, in dem jeder sein eigenes Instrument spielt. Jeder Mensch trägt zu diesem großen Orchester bei. Je aufmerksamer und schöner er seine Partitur spielt, um so vollendeter wird das ganze Konzert.

Wir können also unser Karma annehmen als das Abenteuer des Lebens, mit allem, was es uns bringt. Und wenn uns das in diesem Augenblick noch nicht ganz gelingen will, gelingt es uns doch dadurch, daß wir uns liebevoll und mitfühlend annehmen und akzeptieren, daß wir noch nicht ganz soweit sind!

Die Botschaft unseres individuellen Karmas besteht nicht darin, etwas zu sühnen oder Leistungen zu erbringen, weil wir in unseren vergangenen Leben Fehler gemacht haben. Es gibt keine Fehler! Es gibt nur Unbewußtheit, das heißt, daß wir Dinge noch nicht bewußt wahrgenommen haben, und zwar an uns selbst! Unser Karma will uns nicht strafen, sondern uns hinführen in die Wahrnehmung der Fülle unseres Lebens, in die Dankbarkeit und Lebensfreude des Bewußtseins, daß ICH BIN!

Karma kann uns in das Vertrauen zum Leben führen, daß das, was wir im Augenblick erleben, genau das Richtige für uns ist, weil wir es durch unser Verhalten herbeigerufen haben. Und so, wie Angst uns in Verbindung mit der Schwerkraft bringt und nach unten zieht, verbindet uns Vertrauen mit der Aufrichtekraft, die uns nach oben zieht und uns immer wieder ins Lot bringt, indem sie uns den Impuls zum Aufrichten gibt!

Kapitel 3

DIE VISION

»Jede Idee, die dir nicht zum Ideal wird, ertötet in deiner Seele eine Kraft; jede Idee aber, die zum Ideal wird, erschafft in dir Lebenskräfte.«

(Rudolf Steiner:
Wie erlangt man die Erkenntnisse
der höheren Welten)

»Vielleicht trägt eine andere Perspektive dazu bei, daß das Verlangen, das in den Menschen ruht, wach wird; das Verlangen, sich selbst zu transformieren, sich weiterzuentwickeln, dem ›höheren‹ Menschen zur Geburt zu verhelfen.«

(Bhagwan Shree Rajneesh:
Zarathustra –
The Laughing Prophet)

Meine Lebenseinstellung: Meine Einstellung zu mir

Die Alta-Major-Energie versetzt Sie in die Lage, eine andere Perspektive – eine neue Einstellung zu sich und Ihrem Leben – zu gewinnen. Durch unsere neue Haltung sind wir auf dem Weg, uns zu transformieren und damit dem »höheren Menschen«, dem »Homo spiritualis« in uns zur Geburt zu verhelfen. Doch bevor wir dies real vollziehen können, benötigen wir eine »Vor-Stellung«, eine Vision davon, wie wir eigentlich gedacht sind, um zu dem zu werden, der wir in Wirklichkeit sind.

Was können wir uns unter einer Vision vorstellen? Eine Vision ist eine gedankliche Vorstellung von einem Zustand, der im Augenblick noch nicht physisch verwirklicht ist.

Alles, was physische Gestalt angenommen hat, muß vorher als Idee vorhanden gewesen sein. Jeder Gegenstand, der uns umgibt, ist aus einer Idee entstanden. Jede menschliche Erfindung entstammt einem Gedanken. Gedanken, Ideen wiederum entspringen aus der Sehnsucht, einen Wunsch zu verwirklichen. Viele Ideen, wie beispielsweise das Fliegen, existierten bereits Jahrtausende vor ihrer Realisierung in Form einer Wunschvorstellung. Denken wir nur an Ikarus, der bereits den Wunsch zu fliegen in eine Idee und die Idee in die Tat umzusetzen versuchte, indem er sich Flügel anfertigte. Doch es gibt noch viel alltäglichere Beispiele, anhand derer wir nachvollziehen können, daß jeder Gedanke die Tendenz hat, konkrete, materielle Gestalt anzunehmen.

Nehmen wir einmal das Buch, das Sie gerade in Händen halten. Wie viele Ideen gingen diesem Buch voraus?

Zum einen gehört zu den Ideen, die der Verwirklichung dieses Buches notwendig vorausgingen, das Schreiben. Irgendwann kam der Mensch auf die Idee, seine Gedanken in schriftlicher Form festzuhalten, sich so auch anderen mitzuteilen. Später kam jemand auf den Gedanken, aus den losen Blättern und unhandlichen Schriftrollen ein Buch zu binden. Und wie viele Ideen haben zur Buchdruckerei geführt und sie bis zum heutigen Stand immer wieder modernisiert! Aber außer den Ideen aus Jahrhunderten, die die Herstellung unseres Buches betreffen, sind noch viel mehr Ideen beteiligt, nicht zuletzt offensichtlich der Inhalt, den es vermitteln möchte, die Alta-Major, die zu Ihnen gelangen will!

Jeder Gedanke hat die Tendenz, sich zu verwirklichen, einem Samen vergleichbar, der nach Wachstum und Entfaltung drängt und nur auf den richtigen Boden zu fallen braucht.

»Am Anfang war das Wort«, heißt es in der Schöpfungsgeschichte. Einigen Quellen zufolge ist diese Übersetzung ungenau. Wahrscheinlich ist mit dem »Wort« eigentlich die »Idee« oder der »Gedanke« gemeint.

Wir erleben diesen Schöpfungsprozeß der »Gedankenverwirklichung« tagtäglich. Wenn wir uns etwas kochen, überlegen wir uns vorher, welches Gericht wir zubereiten wollen. Der Hunger und die Sehnsucht, ihn zu stillen, geben uns den Impuls dazu. Wir haben eine Vorstellung von der Mahlzeit und bereiten sie nach einem bestimmten Rezept zu. Dies ist nur eine unserer täglichen Schöpfungen! Oft denken wir gar nicht daran, daß jede unserer bewußten Handlungen ein schöpferischer Akt ist.

Auf der sichtbaren, materiellen Ebene erscheint dieser Schöpfungsprozeß noch sehr einleuchtend, viel schwieriger wird es, sich vorzustellen, wie er sich in »unsichtbaren« Bereichen, beispielsweise unserer Gefühlswelt, vollzieht. Unsere Gedanken formen auch unsere innere Haltung – unsere Lebenseinstellung –, welche sich dann in unserem Körper als äußere Haltung zeigt. Wie sieht das in der Realität aus?

Um uns die Vorstellung zu erleichtern, daß alles, was wir in Handlung umsetzen oder bewirken, immer bereits vorher in Form von Gedanken – als unsere innere Einstellung – vorhanden ist, hilft uns eine kurze Übung.

Übung:

Nehmen Sie ein Blatt Papier und einen Stift zur Hand und machen Sie zwei Spalten. Nehmen Sie sich für jede Spalte drei bis fünf Minuten Zeit. Tragen Sie in die erste Spalte ein, welche negativen Eigenschaften Sie zu haben glauben, und in die zweite Spalte, welche positiven Eigenschaften Sie an sich kennen. Schreiben Sie spontan auf, was Sie können und was Sie nicht können, was Sie an sich mögen und was Sie nicht mögen. Tragen Sie Ihre guten und schlechten Eigenschaften ein. Was sind Ihre »Stärken«, wo liegen Ihre »Schwächen«? Schreiben Sie einfach nacheinander auf, was Ihnen spontan einfällt, ohne lange zu überlegen. Wenn die Zeit abgelaufen ist, betrachten Sie, welche Rubrik Sie schneller gefüllt haben.

Fühlen Sie dann, was die Beschreibung in der negativen beziehungsweise der positiven Rubrik in Ihnen auslöst. Wie fühlen Sie sich, wenn Sie Ihr inneres Wesen akzeptieren? Nehmen Sie sich selbst an? Darf sich Ihr inneres Wesen bei Ihnen wohl fühlen? Oder geht es ihm wie einem Kind, das von zu strengen Eltern kritisiert und unter Leistungsdruck gesetzt wird? Wie würde diesem Kind, wenn man ihm eine solche Liste vorhält, wohl zumute sein? Stellen Sie sich vor, Sie erstellten so eine Bilanz über Ihren besten Freund. Wie würde er sich dabei fühlen? Fühlt er sich angenommen oder abgelehnt?

Nun können Sie sich auch vorstellen, welchen Einfluß Ihre Beurteilung auf Ihre Stimmung und Ihr Selbstbewußtsein ausübt. In unserem Fall bestimmt unsere eigene innere Einstellung unser seelisches und körperliches Befinden, das heißt, wie wohl sich unser Wesen in unserem Körper fühlt. Wenn Sie die negative Rubrik schneller gefüllt haben, können Sie sich vorstellen, daß sich Ihr inneres Wesen nicht in vollem Vertrauen und inniger Verbundenheit in Ihnen entfalten kann. Wie geht es Ihnen, wenn Sie die positive Rubrik lesen? Können Sie fühlen, welche Entscheidung hinter dem Abwägen, ob Sie die positive oder die negative Seite stärker sehen wollen, steht? Man kann ein Glas als »halbvoll« oder als »halbleer« betrachten, sein Inhalt bleibt der gleiche.

Da unser Körper unser inneres Befinden in seiner Haltung widerspiegelt, bringt unser Wesen, wenn es durch eine negative Beurteilung bedrückt wird, eben dies in unserem »Bedrücktsein« zum Ausdruck. Ebenso strahlt unser Körper aus, wenn wir uns annehmen und uns so mögen, wie wir sind.

Wie aber kommen wir zu der Einstellung zu uns selbst, zu dem Blickwinkel, uns zu betrachten? Ist der Glaube, wir müßten uns negativ beurteilen und dürften uns nicht von unserer besten Seite zeigen und »wahr-nehmen«, das, was uns aus Kindertagen immer noch nachklingt? Ist es das, was wir vom Leben immer wieder reflektiert bekommen, weil wir es ausstrahlen? Oder ist es eine alte Gewohnheit?

Unsere Einstellung ist wie ein Programm, das wir eingespeichert haben. Und diese »einprogrammierte« Einstellung zu uns selbst, die zu unserer (Lebens-)Haltung geworden ist, bestimmt, wie wir uns verwirklichen können und welche Reaktionen wir durch unser Verhalten bewirken. Wenn wir eine neue innere und äußere Haltung einnehmen, befreien wir uns gleichzeitig von unserer alten Programmierung, die wir nun wieder verlernen dürfen!

Was bedeutet Programmierung?

Wenn Sie sagen, »Ich kann das nicht«, können Sie sicher sein, daß Sie es tatsächlich nicht schaffen werden. Wenn Sie sich selbst für klein und unscheinbar halten, können Sie sicher sein, daß die anderen Sie auch als klein und unscheinbar wahrnehmen. Sie brauchen nicht zu befürchten, große Aufmerksamkeit zu erregen!

Wir sind von Kind an auf ein bestimmtes Verhalten programmiert worden. Den meisten von uns fällt es leichter, die negativen Eigenschaften an sich zu erkennen und Kritik hinzunehmen, als sich über die positiven Eigenschaften und die Anerkennung, die wir dafür bekommen, zu freuen. Wenn wir mit Tadel und Vorwürfen aufgewachsen sind, wenn selbst das Lob, das wir bekamen, meistens an Bedingungen geknüpft war, sind wir so programmiert, daß wir es als selbstverständlich hinnehmen, nur aus Fehlern und Unzulänglichkeiten zu bestehen. Positive Eigenschaften und Talente halten wir dann schwerlich für selbstverständlich, sondern wir sind der Überzeugung, daß man sich positive Qualitäten erwerben und erarbeiten muß.

Achten Sie einmal darauf, ob Sie sich wirklich freuen, wenn Ihnen jemand etwas Schönes über Sie sagt. Oder schleicht sich bei Ihnen vielmehr so etwas wie Schuldgefühl oder gar schlechtes Gewissen ein, wenn man Sie lobt?

Wenn wir uns bewußt sind, daß wir als »Krönung der Schöpfung« oder als »Kinder Gottes« die Vollkommenheit als Samen von Anfang an in uns tragen, wird uns klar, daß wir nicht ständig alles mögliche dazulernen müssen. Im Gegenteil, es geht darum, altes Verhalten und alte Programme, die uns an der Realisierung unserer Vollkommenheit hindern, zu »verlernen«! Das gehört zu der neuen Einstellung, die wir einnehmen wollen. Lassen wir doch von unserer alten Programmierung ab und werfen alte Bürden ab, die uns kleinmachen. Ist es nicht überraschend und erfreulich, daß wir auch »verlernen« dürfen, daß wir uns nicht wieder unter neuen Leistungsdruck stellen müssen, um in der Schule dieses wundersamen Lebens zum Abenteuer des Erwachens und »Erwachsens« zu unserem wahren Wesen geführt zu werden?

Wir haben die Freiheit, unser Leben nach unserem eigenen Programm zu gestalten. Alles, was wir uns vorstellen, hat die Tendenz, sich zu verwirklichen. So wie wir uns selbst sehen, sind wir. Wir selbst haben in jedem Augenblick die freie Wahl. Niemand zwingt uns jetzt dazu, uns kleiner zu machen, als wir in Wirklichkeit sind. »Erwachsen« sein bedeutet auch, niemand anderem die Schuld dafür zu geben, wie wir jetzt im Augenblick sind, sondern selbst die Verantwortung wahrzunehmen. Denn niemand kann uns jetzt in eine Haltung zwingen, außer wir lassen es durch unsere eigene Selbsteinschätzung zu. Wir können unser Leben selbst in die Hand nehmen und uns entscheiden, wie wir uns sehen wollen – als einen Menschen, der immer nur reagiert und daher bei anderen die Schuld sucht, oder als einen Menschen, der selbst seine Impulse setzt und nach und nach beginnt, sein Leben selbst zu gestalten und seine Gedanken als seine Freunde erkennt, die er frei lenken kann – in eine Haltung, die ihn hinabzieht in die Dunkelheit, oder in eine Haltung, die ihn hochzieht ins Licht!

Wir können uns in diesem Moment entscheiden, wer wir sind. Jeder von uns weiß in seinem Inneren, wie er angelegt ist. Wir wissen innerlich genau, wie wir gemeint sind! Denn woher käme sonst unsere Sehnsucht, so zu werden und uns zu verwirklichen? Warum rebellieren wir gegen unser Minderwertigkeitsgefühl und unsere Angst? Wenn wir nicht wüßten, daß etwas an uns noch nicht so ist, wie es sein könnte, brauchten wir nicht mit seelischen und körperlichen Schmerzen zu reagieren!

Wir formen unser Leben nach der Vorstellung, die wir von uns haben, genauso wie sich unser Körper formt nach dem Leben, das wir führen.

Wir sind enttäuscht, daß uns andere Menschen, die uns wichtig sind, nicht als Menschen lieben und annehmen. Müssen wir uns aber darüber wundern, wenn wir diesen Menschen, der wir selbst sind, selbst nicht akzeptieren, anerkennen und lieben können? Warum muten wir anderen zu, einen schlechteren Geschmack zu haben als wir selbst? Wenn wir uns vor uns selbst kleinmachen, was sollten die anderen auch anderes wahrnehmen als unsere Bedrücktheit? Was andere von uns halten, spiegelt nur, was wir selbst von uns halten.

Wir können uns aber auch als einen einmaligen, wunderbaren und schönen Menschen mit all seinen Möglichkeiten annehmen und lieben und dies nach außen hin ausstrahlen! Unsere Umwelt wird uns auch dann unsere innere und äußere Haltung spiegeln, denn unsere Programmierung bringt unsere äußere Haltung hervor, und diese löst die entsprechende Umweltreaktion aus.

Wenn wir wollen, daß sich unser Leben verändert, müssen wir also unsere alten Programme löschen. Welches neue Programm wollen wir nun an deren Stelle setzen? Wir brauchen die Vision von einer neuen Haltung, um diese innerlich und äußerlich einnehmen, »verkörpern« zu können. Wir brauchen eine Vision, ein Ideal dessen, was wir neu erschaffen wollen. Wir brauchen eine Vorstellung von dem, wie wir gedacht sind!

Der Mensch ist aufrecht gedacht. Auf zwei Beinen stehen und den Kopf oben tragen heißt jedoch noch nicht, daß wir wirklich aufrecht sind. Wirkliches Aufrechtsein bedeutet, keinen Knick und keine Verkrümmung in der Wirbelsäule zu haben. Erst wenn unsere Wirbelsäule völlig aufgerichtet ist, fließt die Energie ungehindert durch unseren Körper und kann so wirken, wie es unserem Wesen entspricht.

Alta-Major schenkt uns die Vision, wie wir in Wirklichkeit gedacht sind. Wir bekommen eine Vorstellung davon, wie wir wirklich aufrecht und aufrichtig wir selbst sind. Diese Vision gibt uns den Anstoß, uns zu dem Menschen zu entwickeln, den wir in uns erkennen. Wir bekommen »Geschmack« auf uns – und vor allem volle Zuversicht, ja sogar Gewißheit, zu diesem Menschen werden zu können.

Wer sich durch die Alta-Major-Therapie zum ersten Mal wirklich aufgerichtet hat, erkennt im Spiegel, auf Photos oder über Video (also mit Abstand und von außen betrachtet), welch wunderbares Wesen in seinem Körper wohnt. Ein ganz neuer Mensch blickt Ihnen entgegen. Sie haben erstmals das einzigartige Gefühl, wirklich Sie selbst zu sein. Das gibt Ihnen ungeheuer viel Kraft und Lebensfreude. Ihr Körper drückt diese Vitalität aus, und Sie fühlen, wie sich Ihre Haltung und Ihre Gesichtszüge augenblicklich und automatisch ändern. Sie können auf einmal wunderschön aussehen, strahlen ungeheuer viel Energie aus, die Sie ja von Natur aus haben! Sie fühlen sich kreativ und entspannt. Augenblicklich fallen auch Streß und Lebensangst von Ihnen ab. Sie fühlen sich angenommen und erkennen, daß Sie hier auf Erden Ihren ganz individuellen Platz haben, der Ihnen zusteht, für Sie bereit ist und wartet, von Ihnen ausgefüllt zu werden! Sie betrachten sich selbst aus dem »rechten Blickwinkel«!

Wie wenig Möglichkeiten gibt es in all den Therapien und Schulen für Bewußtseinsentwicklung, eine Vision zu bekommen, wie wir ursprünglich gedacht sind? Wir lernen zwar immer, was wir an uns und unserem Leben ändern, was wir an unserem Körper heilen oder welchen spirituellen Weg wir einschlagen wollen, aber wir wissen nicht, wie wir wirklich gemeint sind. Wir fühlen zwar, was unserem inneren Wesen nicht entspricht, wissen aber nicht, was das Neue ist, das an dessen Stelle treten soll. Wir haben vielleicht ein Ideal oder ein Wunschbild, wie wir gerne sein wollen, können uns aber nicht damit identifizieren, weil es eben nicht unserem Inneren Selbst entspricht.

So wie uns Christus vorangegangen ist und viele Meister uns als Wegweiser eine Vision vermittelt haben, so folgen wir dem »Meister in uns selbst« als dem Ideal unseres wahren Wesens, der Vision von unserem Aufrechtsein.

Wir können eine Idee nur in die Tat umsetzen, wenn sie als konkrete »Vor-Stellung« in uns besteht. Alles, was vage und verschwommen ist, läßt sich schwer in die Praxis umsetzen. Nur ein klarer Gedanke hat die Tendenz, sich auch zu verwirklichen. Nur ein klares Ideal kann die Tendenz zur Verwirklichung fördern. Dieses Bild kann ruhig ein Traumbild oder Einbildung sein, wie wir es vielleicht im Moment noch bewerten, die Hauptsache ist, wir sehen es klar und deutlich und können es bis ins Detail »wahrnehmen«.

Durch die Alta-Major-Energie können Sie einen Menschen in sich entdecken, der voll innerer Schönheit, Anmut, Kraft und Liebe ist, einen Menschen mit einer Ausstrahlung, wie Sie sie vielleicht von einem Ihrer Kinderphotos kennen. Sie werden erstaunt sein, wie schön Sie sein können und wieviel Gesundheit in Ihnen verborgen liegt! Vielleicht scheint es Ihnen zu Anfang unglaublich, sich so zu sehen. Doch Sie kannten sich bisher nur mit mehr oder weniger Kummer und Sorgen beladen, vielleicht von Schmerzen und Lebensangst geplagt, voller Zweifel und Vorsicht, angestrengt darauf bedacht, sich in einem bestimmten Licht zu zeigen. Wie sollten Sie unter dieser Bürde auf Ihrem Rücken auch erkennen können, wer sich in Ihrem Innern verbirgt? Wie sollten Sie Ihr inneres Wesen mit all seinen Fähigkeiten finden können, wenn Ihre ganze

Lebenskraft sich darin erschöpfen mußte, mit der Last auf Ihren Schultern fertig zu werden?

Ihr Körper reagiert bei dieser Last des Lebens wirklich genau so, als würden Sie einen schweren Rucksack tragen. Ihre Schultern, Ihr Hals und Ihr Rücken krümmen sich nicht nur unter der psychisch aufgebürdeten Last auf dem Rücken, sondern zusätzlich unter dem Gewicht des Kopfes. Ihre Wirbelsäule wird gekrümmt, damit *Sie* nicht das Gleichgewicht verlieren! Ihre Muskeln leisten enorm viel Arbeit, damit *Sie* unter der Last nicht »zusammenklappen«.

Wenn wir unserem Körper nun gezielt die Möglichkeit geben, sich bewußt aufzurichten, können wir die Dankbarkeit unseres Körpers mitempfinden, dem wir seine Bürde endlich abnehmen. Was geschieht mit unserem Körper, wenn wir die Last auf unserem Rücken abwerfen?

Sie können dies mit der folgenden Übung einmal an sich selbst ausprobieren:

Übung:

Suchen Sie sich ein rechteckiges Kissen, das gut auf Ihre Schultern paßt. Nehmen Sie dieses Kissen, und stellen Sie sich seitlich vor einen Spiegel, in dem Sie mindestens Ihren ganzen Oberkörper sehen können. Legen Sie sich das Kissen in den Nacken und auf die Schultern, so daß es gut liegenbleibt. Lassen Sie die Schultern dabei nach vorne fallen, und beugen Sie den Nacken ein wenig nach unten. Wenn das Kissen gut liegt, schauen Sie in den Spiegel und betrachten Sie Ihre Körperhaltung, erst von der Seite und dann von vorne.

Dann richten Sie sich auf. Zuerst kommt die Brust nach oben. Die Schultern gehen nach hinten und nach unten. Ihre Halswirbelsäule streckt sich. Neigen Sie Ihr Kinn zuletzt noch ein wenig nach unten zur Brust hin.

Was ist mit dem Kissen passiert? Es ist längst zu Boden gefallen! Schauen Sie jetzt wieder in den Spiegel, und betrachten Sie Ihre Körperhaltung. Welche äußere und innere Veränderung können Sie wahrnehmen? Übrigens, das Kissen ist auch stellvertretend für Ihre Angst im Nacken!

Bei dieser Übung sind wir natürlich noch nicht wirklich ganz aufrecht in unserer Wirbelsäule. Wahrscheinlich haben wir ein starkes Hohlkreuz, wenn wir die Brust nach oben und die Schultern nach hinten nehmen. Das ist ganz natürlich, denn das wirkliche Aufrichten und damit das Ausgleichen des Hohlkreuzes lernen wir im Verlauf der Alta-Major-Therapie. Wir müssen unseren Körper Schritt für Schritt in die aufrechte Haltung führen. Der Prozeß des Aufrichtens wird dabei im Bewußtsein nachvollzogen, so daß die aufrechte innere und äußere Haltung auch wirklich zu »Bewußt-Sein« wird.

Doch im ersten Teil dieses Buches geht es uns zunächst noch darum, die Zusammenhänge zwischen der inneren und äußeren Haltung aufzuzeigen. Die Übungen in diesem Teil sollen dies veranschaulichen. Es handelt sich dabei natürlich noch nicht um therapeutische Übungen.

Je mehr Sie sich in die Vision von sich hineinbegeben, desto stärker kann diese werden. Sie können Ihrem Körper den Impuls zum Aufrichten geben, wenn Sie ihm vom Gehirn aus den »Befehl« schicken. Und was entsteht in Ihrem Gehirn? Eine Vorstellung – eine Vision!

Wenn Sie den Impuls zum Aufrichten in Ihrem Inneren wachgerufen haben, wird Sie Ihr Körper in jeder Hinsicht unterstützen. Jede Zelle Ihres Körpers wird freudig auf den neuen Impuls reagieren. Denn was könnte Ihr Körper lieber unterstützen, als den Impuls, wieder heil zu werden?

Auch im Alltag können Sie sich durch eine kleine Hilfe bei diesem Prozeß des Aufrichtens noch mehr unterstützen. Durch äußere Hilfsmittel können Sie die Vision und damit den Aufrichteimpuls in Ihrem Inneren noch verstärken.

Suchen Sie sich dazu eine ruhige Ecke in Ihrer Wohnung, die Ihre »Aufricht-Ecke« wird. Diese Ecke kann ruhig Ihr Geheimnis bleiben. Sie können Sie auch als Ihre »Meditations-Ecke«

bezeichnen. Füllen Sie diese Ecke mit Dingen, die Sie aufrichten: mit Bildern, auf denen etwas Aufrechtes dargestellt ist, mit Gegenständen, die ein Symbol für Ihre Aufrichtekraft sind. Vielleicht besitzen Sie eine kleine Statue eines Buddha im Lotussitz? Stellen Sie eine aufrechte Rose in diese Ecke (vielleicht auch an Ihren Arbeitsplatz und neben Ihr Bett!). Die Rose verkörpert etwas, das es überall auf der Welt gibt: Sie steht für Wachsen, Aufrichten und Aufblühen! Sie spiegelt uns die Stärke unseres Herzens und unseres Geistes.

Immer wenn Sie sich geknickt oder deprimiert fühlen, ziehen Sie sich für eine Weile in Ihre Aufricht-Ecke zurück, denn in dieser Ecke haben Sie nun Ihre ganze Aufrichtekraft gespeichert, wie im Stamm eines Baumes oder im Stiel einer Rose. Hören Sie ein Musikstück, das Ihr Herz stärkt (siehe dazu im Anhang: Thymusstärkende Musik). Meditieren Sie über etwas, was das Aufrechtsein für Sie verkörpert.

Was Sie nun noch brauchen, um die Vision von Ihrem Aufrechtsein aufblühen zu lassen, ist Ihre Bereitschaft. Es ist die natürliche Eigenschaft einer Rose, nach Wachstum zu streben und aufzublühen. Unsere bewußte Bereitschaft, zu wachsen und aufzublühen, ist unser Ja zu leben!

Bereitschaft: Das Ja zu leben

Das Wichtigste an jedem Heilungsprozeß ist die Bereitschaft, wieder gesund werden zu wollen. Bei Alta-Major ist die Bereitschaft, wahrnehmen und im wahrsten Sinne des Wortes »begreifen« zu wollen, die wichtigste Voraussetzung, um sich zu dem Menschen aufzurichten, den das Leben in uns angelegt hat.

Was bewirkt unsere Bereitschaft? Bereitschaft schafft erst die Bedingungen dafür, eine Entscheidung zu treffen, dann einen konkreten Schritt zu tun, ein Vorhaben zu verwirklichen. Dabei ist es wichtig zu wissen, für was wir uns entscheiden. Eine Entscheidung fordert, daß wir »ja« oder »nein« sagen.

In unserem Fall sagen wir »ja« für das Aufrichten, und mit »nein« entscheiden wir uns dafür, in unserem Knick zu bleiben. Wenn wir uns nur geistig aufrichten, also in unserer Vorstellung, und keine Bereitschaft haben, unsere Vision in die Realität (unseren Körper) umzusetzen, kann sich unser Körper nicht aufrichten. Ohne Bereitschaft kann sich die geistige Erkenntnis nicht verwirklichen. Daher müssen wir uns fragen, wozu wir uns bereit erklären wollen.

Erklären wir uns bereit für das, was wir nun erkannt haben und noch erkennen wollen, oder für das, was wir zu wissen glauben, was wir in der Begrenztheit unseres Intellekts meinen? Sind wir bereit für Wunder, für das Zusammenspiel von Dingen, die wir vom Intellekt her mitunter nicht einordnen können? Oder glauben wir, alles erklären zu müssen oder erklärt bekommen zu müssen, um uns entscheiden zu können?

Die Frage ist, wollen wir uns mit der Instanz in unserem Inneren verbünden, die wir alle kennen? Sie heißt »Abenteuer des Lebens«, »sich wieder wundern wollen« oder »Wunder zulassen«, und sie richtet sich nach dem, was uns »beflügelt«. (Manche Menschen sprechen in diesem Zusammenhang wirklich von ihrem »Vogel«, ihrem »Spleen«, wenn sie von Dingen erzählen, aus denen sie Kraft und Lebensfreude beziehen!)

Wir brauchen die Bereitschaft, die Vision von unserem Aufrechtsein verwirklichen zu wollen. Dabei können wir noch einmal unseren Ist-Zustand bewußt wahrnehmen, der unsere bisherige »Haltung« geprägt hat – um dann im wahrsten Sinne des Wortes über ihn hinauszuwachsen!

Was bedeutet der Ist-Zustand?

«Warum passiert mir immer das gleiche?« fragen wir uns oft. Unsere programmierte Haltung ist uns meist nicht mehr bewußt; solange wir sie jedoch beibehalten, wird sie natürlich immer dieselben Umweltreaktionen hervorrufen. Solange wir geknickt sind, wird das Leben, werden unsere Mitmenschen auf unser Geknicktsein reagieren. Noch dazu hat sich unser Geknicktsein in unserer Wirbelsäule manifestiert.

Unsere Knicks in der Wirbelsäule sind durch Schocks entstanden. Dort, wo sich der Knick in unserer Wirbelsäule manifestiert hat, sind wir nicht mehr bewußt, sonst wären wir wohl kaum in diesem Knick geblieben. Jetzt in diesem Augenblick ist dieser Knick ja gar nicht mehr nötig! Durch die schockartigen Erlebnisse fand ein Bewußtseinsausfall im Gehirn statt. Unser Bewußtsein muß an dieser Stelle also wieder geweckt werden, wir müssen uns unseren Knick wieder bewußtmachen. Der Eindruck, der unserem Körper »eingedrückt« ist, muß wieder in Erinnerung gerufen werden.

Wenn wir die Stelle an unserer Wirbelsäule spüren könnten, an der sich der Knick manifestiert hat, wären wir nicht mehr in dieser Haltung. In dem Moment, in dem wir uns des Knicks bewußt werden, stellt sich der Impuls ein, uns aus diesem Knick wieder aufzurichten. Die Schwierigkeit liegt darin, daß wir mit unserem Bewußtsein gar nicht an diese Stelle gehen können, weil wir eben dort kein Bewußtsein mehr haben. Auch können wir unseren Rücken nur beschränkt sehen, nicht ganz wahrnehmen, nur schwer selbst an unseren Rükken fassen. Wir müssen den Knick auf andere Weise wahrnehmen.

Das Wissen, daß wir eine Fehlhaltung, einen Knick in der Wirbelsäule haben, reicht nicht aus, um uns wirklich aufzurichten. Es gibt uns nur den Impuls dazu, aus unserer alten Haltung in eine neue übergehen zu wollen, aus einer tiefen inneren Erkenntnis über uns selbst und der Sehnsucht nach Vollkommenheit heraus. Der Körper ist ein Gefäß, das wir entsprechend formen. Aber wo wir noch nicht bewußt sind, können wir noch nichts formen.

Wir müssen da beginnen, wo wir jetzt stehen. Wir müssen unseren Ist-Zustand wahrnehmen.

In der Alta-Major-Therapie gehen wir dabei von oben nach unten vor. Wir betrachten die Wirbelsäule von oben nach unten und schauen, was sich unsere Seele gesucht hat (Einstellung – von oben) und was sich im Körper (Körperhaltung und Körpersprache – unten) aus der Materie daraus geformt hat.

Heilung beginnt im völligen Annehmen des Ist-Zustandes. Das Sehen des Ist-Zustandes ist der erste Schritt zur Erschließung des Potentials, das in uns angelegt ist. Durch das Bewußtmachen des Ist-Zustandes geben wir uns die Möglichkeit, ihn zu verändern. Wenn wir uns entscheiden, eine neue Haltung einzunehmen, geben wir mit unserer Vision (von oben, vom Gehirn) den Impuls an unseren Körper (nach unten), sich nach dieser Vision zu formen. Wir erkennen das, was ist, und das, was sein kann! Dieser zweifache Erkenntnisprozeß ist die Voraussetzung für wirkliche Heilung von innen. Nur wenn wir wissen, wo wir stehen, und wissen, wo wir hinkommen wollen, haben wir eine klare Orientierungslinie, nach der wir handeln und uns »ausrichten« können!

Die Vision vom Homo spiritualis

Eine neue Haltung bringt einen neuen Menschen hervor. Jeder, der eine neue Haltung entwickelt, befindet sich auf dem Weg einer schrittweisen Transformation. Je mehr Menschen dies tun und andere damit »anstecken«, desto mehr verändert sich unsere Umwelt. In einer Welt, in der sich die Menschen aufgerichtet und Bewußtsein erlangt haben, können Gesundheit, Kreativität, Frieden und Liebe herrschen. Wir entwikkeln dadurch mehr und mehr den Menschen in uns, der sich mit anderen Menschen verbündet, andere ansteckt, sich und andere aufrichtet, um sich gemeinsam an diesem Planeten als einem Teil von uns zu erfreuen und irdischen Reichtum als Geschenk dankbar anzunehmen und zu vermehren.

Dies ist kein frommer Wunsch, sondern eine realistische Möglichkeit nach dem Gesetz von Ursache und Wirkung.

Carl Rogers, der Begründer der klientenzentrierten Gesprächstherapie, drückt es so aus: »Diese neue Welt wird sowohl menschlicher als auch menschenfreundlicher sein. Sie wird die Reichtümer und Fähigkeiten des menschlichen Geistes und der menschlichen Seele erforschen und weiterentwikkeln. Sie wird Individuen hervorbringen, die in stärkerem Maße integrierte und ganze Personen sind. Es wird eine Welt sein, in der sich der einzelne Mensch – das höchste unserer Güter – der höchsten Wertschätzung erfreut. Es wird eine natürliche Welt sein, mit einer erneuerten Liebe und Achtung für die Natur. Sie wird eine menschlichere, auf neuen und weniger starren Konzepten gründende Wissenschaft entwickeln. Ihre Technologie wird auf die Förderung statt auf die Ausbeutung des Menschen und der Natur abzielen. Sie wird in dem Maße, in dem sich der einzelne seiner Kraft, seiner Fähigkeiten und seiner Freiheit bewußt wird, schöpferische Kräfte freisetzen.« (36)

Unsere Zeit konfrontiert uns augenblicklich sehr stark mit unserem allgemeinen Ist-Zustand. Krankheiten wie die Immunschwäche Aids zwingen uns geradezu, mehr Bewußtsein zu entwickeln. Die epidemischen Ausmaße, die diese Krankheit erreicht, wurden in vielen Prophezeiungen vorhergesagt. Doch es gibt ebenso viele Quellen, in denen der »Homo spiritualis« verkündet wird.

Krankheiten sind immer eine Chance, bewußt zu werden. Je mehr Menschen sich aufrichten, um so weniger können Krankheiten um sich greifen, nicht zuletzt, weil wir durch das Aufrichten unsere Thymusdrüsenfunktion stärken, die einen wichtigen Einfluß auf unser Immunsystem hat. Wenn wir an unserer gegenwärtigen Situation, an unserer eigenen und der der Welt, nicht verzweifeln, sondern sie als »Wink mit dem Zaunpfahl« betrachten, sind die Krankheiten unserer Zeit ein Aufruf, der uns wachrütteln und uns in die neue Welt katapultieren kann. Die Brisanz der Zeit weist nur auf die Brisanz unserer Entwicklung hin. Die Vision vom »Homo spiritualis« ist keine Utopie, sie läßt sich genauso realistisch verwirklichen wie eine aufrechte innere und äußere Haltung – wenn wir uns dafür entscheiden. Global betrachtet, wird uns durch den Ist-Zustand der Welt bewußt, was wir an unserem Verhalten der Erde gegenüber ändern müssen. Die Angst, die durch das Sterben der Natur und den Verfall unseres Körpers in uns ausgelöst wird, dient als Katalysator für die Entwicklung unseres »Bewußt-Seins«. Angst macht ebenso bewußt wie Schmerz.

Die große Chance durch »behindernde« Krankheiten

Die Immunschwäche Aids (engl. = acquired immune deficiency syndrome = erworbene Immunschwäche) stürzt uns in Panik und Verwirrung. Angst ist der gemeinsame Nenner all dessen, was im Augenblick auf der Welt geschieht: Alles, was bisher Gültigkeit hatte, gerät durcheinander. Alle Tabus, allen voran die sexuellen, die mühsam abgebaut worden sind, werden jetzt wieder aktuell. Jeder einzelne von uns ist betroffen, weil keiner mehr weiß, wie lange er noch lebt.

Das Sterben der Bäume ist ein Aufschrei und ein Warnsignal der Natur (Aids der Bäume!) als Reaktion auf unser Verhalten. Wir haben vergessen, daß die Erde unsere Liebe und unsere Dankbarkeit braucht! Durch die Ausbeutung und rohe Behandlung der Natur haben wir uns an der Erde vergangen, die uns ernähren und tragen will, solange wir auf ihr leben.

Das Sterben der Natur, das wir durch unsere Lieblosigkeit und Unbewußtheit provoziert haben, spiegelt sich in unserem eigenen Körper durch die Krankheit Aids wider. Wenn wir die Chance ergreifen wollen, die darin liegt, müssen wir uns klarmachen, daß sie nur darin bestehen kann, eine neue Haltung zu uns und zu unserer Umwelt zu erlangen, den Schritt zu Bewußt-Sein zu vollziehen! Und über noch etwas müssen wir uns klar sein: Wir bekommen eine Chance, nicht eine »Strafe Gottes«! Wir müssen sie ergreifen – und zwar sofort!

Die Panik, in die wir durch Aids geraten, ist wichtig, damit wir den Ist-Zustand wahrnehmen müssen und den Kopf nicht mehr in den Sand stecken können. Vielleicht ist es kein Zufall, daß die Buchstabenkombination »AIDS« im Englischen

»Hilfen« heißt. Wenn man der Krankheit Aids tiefer auf den Grund geht, gelangt man früher oder später zu der Überzeugung, daß uns Aids helfen will, die Krise der Menschheit zu meistern. Dazu ist es notwendig, daß wir auf schmerzliche und beängstigende Art und Weise wachgerüttelt werden. Aids kann uns helfen, bewußt zu werden, wenn wir die große Chance erkennen, die in dieser Krankheit verborgen liegt. Selbst wenn unser Körper dem Verfall anheimfällt, bedeutet das noch lange nicht, daß auch unser Geist und unser Energiekörper davon betroffen sind. Genau hier können wir ansetzen, und zwar bei jeder körperlichen Behinderung oder körperlich »behindernden« Krankheit!

Durch die Krankheit Aids wird es möglich, den Prozeß des Sterbens bewußt zu vollziehen, weil er langsam vorangeht. Wir können in tiefstes Mitgefühl mit unserem Körper kommen und gleichzeitig an die höheren Quellen anknüpfen, das heißt, die Verbindung mit dem Göttlichen wiederherstellen. Durch das langsame Abschiednehmen entstehen tiefes Mitgefühl und Verständnis für den eigenen Körper und das Leben. Aids bringt uns zurück in die Liebe zum Körper und zur Erde, deren Teil wir sind, so daß wir uns wieder an die alte Weisheit erinnern, so wie sie uns heute noch von den Schamanen gelehrt wird: Unsere Liebe zur Erde zu zeigen, indem wir mit unseren Füßen die Erde in Liebe und Dankbarkeit berühren, indem wir Bäume streicheln, uns dankbar an sie anlehnen und mit Tieren und Pflanzen liebevolle Gespräche führen. Wir müssen lernen, uns mit der Erde wieder zu befreunden, um ihre Freundschaft zurückzugewinnen.

Im zwischenmenschlichen Bereich verhilft uns Aids zu mehr Bewußtsein im Umgang miteinander: Wir müssen über Sexualität und Treue offen miteinander sprechen. Da wir nicht wissen, wer infiziert ist, lernen wir, bewußter mit unseren Verhaltensweisen umzugehen: Wir lernen, leichter zu verzeihen und weniger übelzunehmen (Negativität in sich aufnehmen).

Die Zeit, in der wir gerade leben, macht uns unseren Schmerz und unser Geknicktsein, unsere Depression bewußt.

Im Augenblick versuchen viele Menschen noch, ihre Angst und ihr Geknicktsein zu überspielen. so nach dem Motto: »Das geht mich gar nichts an!« Die Schultern werden hochgezogen, der Kopf ganz nach vorne gereckt, der Rücken macht einen Buckel. – Dadurch wird die Atmung beengt, das Herz abgeschnürt und die Thymusdrüse eingezwängt. Die Gefühle werden abgeschnitten: »Ich stelle mich über meine Gefühle.« Wörtlich genommen bedeutet das, daß ich mich von meinem Körper abtrenne, da Gefühle im ganzen Körper sind.

Welche innere Haltung bringt Aids also ans Tageslicht? Die Schutzhaltung signalisiert Angst, Verzweiflung, Hilflosigkeit und Ignorieren-Wollen. »Darüberstehen« heißt: »Ich schaue mir von oben herab zu, was ich mit mir und anderen mache. Ich bin distanziert und lasse mich gefühlsmäßig nicht ein.«

In dem Moment, in dem ich mich aber mit mir einlasse, entsteht sofort der Knick in der Halswirbelsäule. Wenn ich die Angst und die Traurigkeit zulasse, falle ich ein wenig zusammen, das heißt, meine Wirbelsäule knickt ein. Die geknickte Haltung bringt meine Betroffenheit zum Ausdruck. Was um mich herum und in mir vorgeht, rührt mein Herz.

Unser Weg ist es, durch dieses Gefühl der Betroffenheit hindurchzugehen. Wir müssen akzeptieren, daß wir zutiefst betroffen sind, so daß wir anderen mit unserer Betroffenheit als Spiegel dienen und mit ihnen ein Bündnis schließen können. Unsere Betroffenheit erinnert andere Menschen an ihr Betroffensein.

Wir alle müssen durch diese Betroffenheit hindurch. Wir brauchen Mitgefühl mit uns allen, da dies eine Lebensaufgabe für uns alle darstellt. Wir können uns nur von Aids heilen, wenn wir eben aus dieser Haltung heraus bewußt werden und eine neue Einstellung und eine andere Haltung annehmen.

Bei Krankheiten wie Aids und allen körperlichen Behinderungen, in deren Verlauf die Verformung des Körpers in diesem Leben nicht mehr ganz zu beheben ist, ist es besonders wichtig, zu verstehen, daß es in unserem Mensch-Sein nicht nur darum geht, daß der Körper intakt ist. Jeder Mensch hat neben seinem physischen Körper einen Energiekörper, der später der Träger unserer Seele ist. Und wie Dr. Elisabeth Kübler-Ross durch ihre jahrzehntelangen Forschungsarbeiten mit Sterbenden gezeigt hat, ist dieser Energiekörper immer heil, wenn wir unseren physischen Körper verlassen: »Unser zweiter Körper ... ist nicht der physische, sondern ein ätherischer Körper ... In diesem zweiten ... Leib erfahren wir uns als körperlich vollständige Einheit ... Denn so, wie wir Beinamputierte waren, verfügen wir nun wieder über unsere Beine. So wir taubstumm waren, können wir wieder hören, sprechen und singen. So wir Patienten waren, die durch Multiple Sklerose an den Rollstuhl gefesselt waren, deren Sicht verschwommen und deren Sprache verzerrt waren und die auch unfähig waren, ihre Beine zu bewegen, können wir nun wieder singen und tanzen.« (37)

Auch wenn wir unter einer behindernden Krankheit leiden, können wir unseren Energiekörper stärken, indem wir die Vision von unserer Vollkommenheit und unserem Heilsein pflegen. Wahrscheinlich ist das der Grund für das Phänomen, daß selbst Menschen mit schweren Verkrüppelungen eine ungeheure innere Kraft und Ausstrahlung und Kreativität entwikkelten, nachdem sie mit der Alta-Major-Energie in Kontakt gekommen waren. Selbst wenn wir unseren physischen Körper nicht mehr vollständig regenerieren können, haben wir die Möglichkeit, durch unsere innere Haltung unseren Energiekörper zu formen und unser Bewußt-Sein zu entwickeln! Unser Wesen und unser Energiekörper wollen von uns in Richtung Vollkommenheit geführt werden! »Ein jeder von uns ist bei seiner Geburt aus der göttlichen Quelle mit dem göttlichen Funken versehen worden. Und dies bedeutet, daß wir einen Teil dieser Quelle in uns tragen. Es ist eben dieser Teil in uns, der uns wissen läßt, daß wir unsterblich sind. Viele Leute beginnen wieder, gewahr zu werden, daß der physische Körper nur das Haus, der Tempel oder – wie wir gerne sagen – der Kokon ist, welchen wir für eine bestimmte Anzahl von Jahren bewohnen, bis wir uns jener Umwandlung übergeben, die man als Tod bezeichnet. Und sobald der Tod eingetreten ist, entsteigen wir dem Kokon und bewegen uns frei wie ein Schmetterling ...« (38)

Jede Krankheit und körperliche Behinderung will uns nur dahin führen, Mitgefühl und Liebe zu entwickeln. Sie ist eine Chance, die uns das Leben gibt, uns über etwas bewußt zu werden, was wir bisher noch nicht konnten, eben weil wir es noch nicht an uns fühlen konnten! Jede Krankheit will daher als Chance verstanden werden, dem Leben auf seine Botschaft zu antworten, unsere Verantwortung für uns und unser Leben zu tragen! Sie ist unser Karma, unsere Möglichkeit, eine Lektion zu lernen, aber nicht als Strafe, sondern als Chance! Unsere Freiheit und unsere Verantwortung bestehen darin, daß wir uns entscheiden können, wie schnell wir unsere Lektionen lernen wollen. Wenn wir die Lust dazu haben und das Leben mit all seinen Abenteuern lieben, können wir unsere Lektionen sehr schnell lernen. Wir können uns aber auch entscheiden, eine Lektion nicht zu lernen, womit wir aber alles nur hinauszögern: Wir *werden* sie lernen, weil das Leben in seiner Güte uns immer wieder in eine Situation führen wird, in der wir eine erneute Chance bekommen, diesen Lernschritt zu machen. Wir können unserem Wachstum nicht ausweichen!

Alta-Major lehrt uns, den Ist-Zustand wahrzunehmen, uns berühren zu lassen und mit unserem Schmerz auf körperlicher und seelischer Ebene bewußter umzugehen. Wir sind auf dem Weg in eine neue Haltung und leiten eine neue Zeit ein, in der es wieder viel mehr Lachen geben kann, weil wir viel weniger Last auf unseren Schultern tragen! Diesen Prozeß wollen Krankheiten wie Aids beschleunigen helfen.

Vielleicht braucht der Kosmos im Augenblick viele Helfer, die von einer anderen Ebene aus die Aufgabe für den Umweltschutz und die Bewußtseins-Entwicklung der Menschen übernehmen?! »Der Grundton deines Lebens sei Liebe und Dienen. Je mehr du Gott und den Menschen dienst und sie liebst, desto mehr wirst du Licht ausstrahlen. Vor dir liegt ein Pfad nie endenden Fortschritts. Laß dich von der irdischen Schwere nicht zu Boden drücken, sondern schreite wie ein Pilger voran auf dem Pfad geistigen Wachstums.« (39)

Diese Worte von White Eagle eignen sich, unsere Überlegungen zu beschließen: Werden auch sie uns zu einer neuen Vision unseres zukünftigen Menschseins verhelfen und uns einen Hoffnungsstrahl des Lichts in unser Leben schicken?

TEIL 2

Du bist der große Gott des Heils,
Du liebst die, die mit Herzen an Dich glauben
und in keiner Not und Gefahr von Dir lassen.
Du läßt den Adler steigen zur Sonne,
weil Du ihm Mut gibst zum Fliegen.
Du gibst auch mir Mut, weil mein Blut feurig ist
von den Lichtfunken Deiner großen Weltseele!
Ich fühle Deine Schwingen über mir,
Deine warmen, weiten Fittiche beschützen mich.
Du richtest den Ameisen den Weg,
machst die Pferde und Stiere fruchtbar,
leihest allen Wesen Deinen Atem,
weil Du alle Wesen liebst und mit ihnen bist.
Du hast die Erde heilig gemacht wie auch meinen Körper,
darum will ich in Deinem Namen die Erde heilig halten,
jeden Grashalm achten und die Blumen und Bäume verehren.
Mit der Verehrung alles Lebendigen wächst meine Seele,
und mein Körper wird stark im Rhythmus
Deiner Sonne und Deines Mondes!
Ich liebe Dich, großer Geist, gib mir die Gnade,
daß ich in den Menschen meine Brüder sehe.
Du bist von Ewigkeit zu Ewigkeit der,
der die Sonne leuchten läßt und uns den Regen sendet,
der die Erde erquickt und alle Menschen und Tiere.
Ich gehorche Deinen geheimen Befehlen,
ich bin der Deine, jetzt und immer!

(Gebet eines Schamanen)

Kapitel 1

BEWUSST-SEIN

»Denn alles an dieser Psychologie ist, im Grunde genommen, Erlebnis; selbst die Theorie, auch da, wo sie sich am abstraktesten gebärdet, geht unmittelbar aus dem Erlebten hervor.«

(Carl G. Jung:
Das Selbst)

Was hat Berührung mit Bewußt-Sein zu tun?

Bewußtsein, das nur durch Anhäufung von Wissen erworben wird, findet ausschließlich »im Kopf« statt, wodurch wir aber noch lange nicht wirklich berührt sein müssen, im wahrsten Sinne des Wortes. Was ist Berührung? Berührung ist Kontakt. Auf körperlicher Ebene ist Berührung Hautkontakt. Alles, was wir sind, ist in unserem Körper zu Hause. Im Kopf oder im Gehirn findet nur Verständnis statt, Berührung erleben wir jedoch immer im Zusammenhang mit unserem Körper. Verstehen hat also noch nichts mit Bewußtsein zu tun.

«Bewußt sein« bedeutet, daß mir jeder Augenblick gegenwärtig ist und ich mir meines Seins in jedem Moment bewußt bin, das heißt, ich lebe in dem Bewußtsein »Ich bin«. Der Unterschied zwischen leben und bewußt »sein« besteht darin, daß, wenn wir bewußt sind, nichts mehr automatisch geschieht. Wir sind in jedem Augenblick hellwach. Wir könnten die Augen schließen und jedes Detail in dem Raum, in dem wir uns gerade befinden, sehen. Vorausgesetzt, wir haben den Raum vorher bewußt wahrgenommen und jeden Gegenstand registriert.

In jedem Augenblick, wo unser Körper mit etwas anderem in Kontakt kommt, sind wir berührt und haben die Möglichkeit zu Bewußtsein. Wir können an uns selbst feststellen, was Berührung mit Bewußtsein zu tun hat. Dazu eignet sich die nachfolgende Übung, die dies sehr eindrucksvoll zeigt.

Übung:

Diese Übung ist eine Gruppenübung. Sie erfordert mindestens drei Teilnehmer.

Setzen Sie sich in einen Kreis, und schließen Sie die Augen. Fassen Sie die Hand Ihres rechten und linken Nachbarn. Konzentrieren Sie sich nun ausschließlich auf Ihre beiden Hände. Wie fühlt sich die Hand an, die Sie in Ihrer rechten Hand spüren, und wie fühlt sich die Hand in Ihrer linken an? Können Sie den Unterschied zwischen den beiden Händen spüren? Drükken Sie kurz die Hand Ihres rechten und linken Nachbarn. Wie fühlt sich das an? Lassen Sie die Hände dann langsam los, und legen Sie Ihre Hände wieder in den Schoß. Fühlen Sie nun, ob Sie die Hand Ihres rechten Nachbarn in Ihrer rechten Hand immer noch spüren können. Können Sie die Hand Ihres linken Nachbarn in Ihrer linken Hand noch spüren? Erinnern Sie sich an den Händedruck Ihres rechten und Ihres linken Nachbarn?

Ihre Hand erinnert sich an die Berührung mit der anderen Hand. Sie speichert die Empfindung. Jede Berührung hinterläßt einen Eindruck, der in unserem Gedächtnis haftenbleibt. Die Erinnerung jeder Hand nach dieser Übung ist eine andere. Wir können nur durch Berührung wahrnehmen! Durch Kontakt wird etwas in einen anderen Zustand versetzt, dadurch entsteht Wahrnehmung, und wir werden uns des Wahrgenommenen bewußt; die betreffende Erfahrung wird in unserem Gehirn gespeichert.

Die Augen kommen in *Kontakt* mit dem Licht. Durch den darauf folgenden Sehprozeß entstehen aus dieser Berührung Bilder. Das Gehör kommt in *Kontakt* mit Schwingungen. Der Zustand, in den das Gehör dadurch versetzt wird, läßt uns Töne wahrnehmen, das heißt hören. Der Kontakt mit der Materie findet mit der Haut statt. Unsere Füße berühren ständig den Boden. Sie sind unsere Kontaktstelle zur Erde, wenn wir stehen oder laufen. Der Kontakt mit feinerer Materie, der Luft, entsteht mit der »feineren« Haut, der Schleimhaut. Luft spüren wir in Form von Wind, Wärme, Kälte, Feuchtigkeit oder Duft, von allem, was der Luft eine bestimmte Eigenschaft verleiht. Unser Körper ist ständig in Kontakt mit Materie: in Form von Nahrung, Kleidung, Möbeln und allen anderen Gegenständen.

Warum sind Kontakt und Berührung so wichtig für uns? Wir können uns selbst nicht erfahren, wenn wir nicht mit etwas anderem, was außerhalb unseres Körpers ist, in Berührung kommen. Wir können unsere rechte Hand nur dann erfahren, uns ihrer bewußt werden, wenn sie etwas berührt oder von etwas berührt wird. Ohne Berührungskontakt können wir sie längst nicht so deutlich spüren, als wenn sie Sinneseindrücke über die Rezeptoren der Haut wahrnimmt.

Wenn wir irgendwann einmal identisch geworden sind mit unserem inneren Wesen, das sich in jeder Zelle unseres Körpers ausdrückt, werden wir unseren Körper auch von innen her wahrnehmen können. Solange wir uns aber noch von außen erleben, brauchen wir immer jemanden oder etwas, um uns zu spiegeln, oder die Möglichkeit, uns zu erfahren, indem wir Berührung und Kontakt mit uns aufnehmen. Immer wenn wir jemand anderen berühren, erkennen wir einen Teil von uns selbst. Dies ist uns jedoch meistens nicht wirklich bewußt. In dem Moment aber, in dem wir uns unsere Berührung bewußtmachen, ihr unsere Aufmerksamkeit schenken, erkennen wir über die Berührung des anderen, was er an uns berührt. Machen wir eine Probe aufs Exempel:

Nehmen Sie das Buch, das Sie gerade in Händen halten.

Gleich, wie Sie es halten, an irgendeiner Stelle berührt es Ihre Hand. Bis zu diesem Augenblick war Ihnen dies nicht bewußt. Ihre Aufmerksamkeit konzentrierte sich nicht auf die Hand, sondern auf den Text. Jetzt aber, wo Sie darauf hingewiesen werden, spüren Sie sicherlich Ihre Hand. Natürlich spüren Sie jetzt auch das Buch viel stärker. Legen Sie das Buch kurz aus der Hand. Sie spüren jetzt weder das Buch noch die Hand, können sich aber genau an die Berührung erinnern. Dieses Erlebnis ist jetzt schon zu einer Ihrer Erinnerungen geworden und hat seinen Platz im Speicher Ihres Gehirns bekommen. Wenn Sie später nach diesem Eindruck gefragt werden, können Sie sich bestimmt daran erinnern. Aber das Buch, das Sie gestern abend im Bett gelesen haben, wird Ihnen längst nicht so bewußt sein. Worauf wollen wir hinaus?

Jede Berührung löst eine körperliche Empfindung und zugleich einen intellektuellen Impuls aus, welche durch die Nerven als Impuls zum Gehirn geleitet und dort in ihrer Qualität und Verbindung zu äußeren Umständen registriert werden. Im Gehirn wird diese Information verarbeitet: Wir verstehen nun die Information. Wenn wir etwas bewußt berühren, wird uns auch der berührte Körperteil schon vor der konkreten Empfindung bewußt, das heißt, der Gedanke ist bereits vorher da und realisiert sich dann.

Wenn wir uns bewußtmachen, was wir mit unserem Körper berühren, entwickeln wir uns zum Bewußt-Sein hin, aus dem Bedürfnis heraus, unser »Ich bin« wahrzunehmen. Bewußt-Sein bedeutet, daß wir in jedem Moment neu sind. Wir existieren weder gestern noch morgen: Wir können nur in der Gegenwart leben. Wir handeln immer jetzt. In die Vergangenheit und Zukunft können wir uns nur gedanklich versetzen, das heißt geistig, nicht aber körperlich. Der Körper ist immer nur im Jetzt lebendig. Auch Berührung geschieht immer in der Gegenwart. Wir können uns nicht gestern oder morgen berühren. Wir können nur daran denken, daß wir gestern jemanden berührt haben oder morgen jemanden berühren werden. Berührung ist daher unsere einzige Möglichkeit, in unserem physischen Menschsein wirklich bewußt zu werden.

Wird jetzt nicht auch verständlich, welchen Sinn unsere tiefste Sehnsucht nach Zärtlichkeit und Berührung hat? Es ist unsere Sehnsucht, unser Sein bewußt wahrzunehmen.

Wenn wir uns von unseren Rückenbeschwerden und den Schmerzen, die damit verbunden sind, befreien wollen, müssen wir uns als erstes bewußt werden, in welcher Haltung wir uns befinden. Auf einer Photographie können wir unsere Haltung zwar optisch wahrnehmen, aber nur durch die Berührung unseres Körpers wird uns unsere Wahrnehmung *bewußt*. Die geheimnisvolle Wirkung einer Berührung besteht darin, daß durch den Kontakt, den ein bestimmter Körperteil bekommt, die betreffende Stelle unseres Körpers im Gehirn aufgerufen (oder wie bei einem Computer »abgerufen«) und sich diese Körperstelle tatsächlich ihrer selbst bewußt wird!

Ähnlich verhält es sich bei der Wahrnehmung von Wohlbefinden, besonders dann, wenn »Mißempfindung« schon zur Gewohnheit geworden ist. Auch Schmerz bringt uns in Berührung mit unserem inneren Wesen und dient dazu, uns etwas bewußt zu machen.

Was sind Schmerzen?

Über Schmerzen allein könnten wir ein ganzes Buch schreiben. Wir unterscheiden körperliche und seelische Schmerzen und verschiedene Qualitäten, in denen Schmerzen auftreten: Wir sprechen von dumpfen, bohrenden, stechenden, krampfartigen oder ziehenden Schmerzen. Schmerzen können von außen durch eine Verletzung oder von innen durch eine Störung im Körper hervorgerufen werden. In welcher Form auch immer wir Schmerzen empfinden, sie sind immer ein Aufruf. Schmerz führt uns immer in eine Empfindung, die uns eine ganz bestimmte Botschaft geben will.

Im Anfangsstadium des Schmerzes können wir von »Mißempfindung« sprechen, einer Empfindung, die uns wahrnehmen läßt, daß in uns etwas außer Harmonie und Ordnung geraten ist. Wenn wir in dieser Mißempfindung noch nicht wahrnehmen, daß uns unser Körper eine Botschaft geben will, bleibt ihm nichts anderes übrig, als diese Mißempfindung stärker werden zu lassen, bis die gestörte Harmonie sich in Schmerz und Krankheit bemerkbar macht. Wenn wir eine Erkältung bekommen und versuchen, sie zu ignorieren, und damit die Botschaft unseres Körpers überhören, uns ein paar Tage Ruhe zu gönnen, kann es sein, daß uns unser Körper eine »stärkere« Botschaft schicken muß. Dann brauchen wir wirklich eine Ruhepause, um in dieser Phase eine Erkenntnis oder eine Chance wahrzunehmen, was uns ohne diesen Rückzug gar nicht möglich ist!

Auch plötzlich auftretende Schmerzen, die durch eine Verletzung oder einen Unfall herbeigeführt werden, wollen uns mitteilen: »Kümmere dich um mich, ich habe dir etwas zu sagen!« Wenn wir uns in den Finger schneiden, will uns der Schmerz sagen, daß wir uns aus der Harmonie gebracht und verletzt haben, weil wir nicht sorgsam mit uns umgegangen sind, weil wir nicht *wach* waren. Wenn wir stolpern und hinfallen, haben wir im wahrsten Sinne des Wortes für einen Augenblick den Boden unter den Füßen verloren. Wir haben unseren »Standpunkt verloren«, weil wir nicht ganz aufmerksam mit uns selbst umgegangen sind. Wir waren nicht ganz im Hier und Jetzt und sind aus dem Lot geraten. Das Leben als unser Spiegel zeigt uns immer von außen, daß wir in irgendeiner Weise aus unserer Harmonie gekommen sind, durch Menschen oder Ereignisse.

Jeder Schmerz hat seine individuelle Botschaft für uns. Rückenschmerzen signalisieren uns, daß wir unseren Körper in eine Haltung gezwängt haben, die unserem inneren Wesen, so wie es sich im Augenblick verwirklichen will, nicht mehr entspricht. Wenn unser Rücken schmerzt, sind wir dazu aufgerufen, uns von unserer Last zu befreien, die uns bedrückt und uns daran hindert, uns aufzurichten und uns so zu entfalten, wie wir gedacht sind. Rückenschmerzen werfen die Fragen auf: »Welche Haltung habe ich dem Leben und auch mir selbst gegenüber eingenommen, die meinen Körper jetzt dazu bringt zu leiden?« »Wo ist die Basis in meinem Körper, bei der ich anfangen kann, meine Harmonie wiederherzustellen?«

Wenn wir die Botschaft unserer Schmerzen verstanden haben, wird uns ihre Ursache klar. Bei vielen Schmerzen wird es dann sehr einleuchtend, was wir lernen sollen. Oft erscheinen uns Schmerzen aber auch als »ungerecht«, und wir können beim besten Willen keinen Sinn in unserem Leiden erkennen. In diesem Fall müssen wir in Betracht ziehen, daß die Ursache von Schmerz in unserem Karma liegen kann. Wenn wir frühere Leben überblicken könnten, wäre es einfach, die Urache unseres Leidens zu finden. Es ist jedoch weniger wichtig, immer die Ursache unserer Schmerzen zu kennen, als vielmehr den Schmerz als Möglichkeit zu einer Erfahrung zu nutzen, die wir ohne ihn nicht machen könnten. Es geht immer nur darum, den Schmerz zu verstehen.

Wir müssen Schmerzen nicht bis zum Äußersten ertragen, dürfen sie aber auch nicht einfach von uns weisen und übergehen. Wenn unser Körper zu große Qual erfahren muß, sollten wir für die medizinischen Hilfen dankbar sein, die uns ja auch das Leben zur Verfügung stellt, um Schmerzen nicht bis zur Unerträglichkeit aushalten zu müssen. Wenn wir uns bereit erklären, unseren Schmerz als Wegweiser anzunehmen, können wir für unseren Körper sorgen, indem wir ihm allzu schwere Qualen abnehmen. Unser Körper ist unser Freund, dem *wir* unerträgliche Schmerzen erleichtern dürfen, ohne sie dabei zu verdrängen, wenn wir uns ihrer Botschaft nicht verschließen.

Schmerz führt uns als Lehrmeister in Situationen, die wir ohne Schmerz nicht erleben könnten. Durch Schmerzen kommen wir zu der Wahrnehmung dessen, was wir an unserem Leben verändern müssen, oder wir werden in eine ganz bestimmte Situation gezwungen, beispielsweise im Bett zu liegen, um Innenschau zu halten und uns mit unserem inneren Wesen zu beschäftigen. Schmerzen sind nicht einfach dazu da, sie wieder loszuwerden. Vielleicht kommen wir dadurch, daß wir Schmerzen haben, mit Menschen in Kontakt, von denen wir etwas lernen können und die wir ohne unsere Schmerzen niemals kennengelernt hätten!

Schmerz zwingt uns zur Ruhe und gibt uns die Möglichkeit, etwas wahrzunehmen, um aus der schmerzhaften Situation zu lernen, daß wir uns als lebendiges Wesen mit all seiner Möglichkeit zu Gesundheit erkennen, unabhängig davon, ob wir die Verursachung des Schmerzes im Augenblick verstehen oder nicht.

Darüber hinaus lehren uns Schmerzen Mitgefühl und Dankbarkeit. Wenn wir selbst Leid gefühlt haben, sind wir fähig, Mitgefühl zu haben. Das ist etwas anderes als Mitleid, das wir haben, wenn wir dieselben Schmerzen an uns noch nicht gefühlt haben. Schmerz kann uns auch zu Dankbarkeit führen für unser Gesundsein oder für jeden Körperteil, der gesund ist und uns zur Verfügung steht.

Vielleicht können wir in diesem Leben noch nicht alle Botschaften wahrnehmen, die uns unser Körper gibt, aber wir können eines, nämlich wach werden! Schmerz macht uns bewußt, daß wir leben. Erst wenn wir Zahnschmerzen haben, nehmen wir wahr, wie es ist, wenn wir keine Zahnschmerzen haben. Jeder Schmerz macht uns klar, daß es ein Geschenk ist, keine Schmerzen zu haben! Wir lernen, daß uns das Leben manchmal etwas wegnehmen muß, um es uns neu zu schenken, um uns bewußt zu machen, was wir alles haben und wie reich beschenkt wir sind. Es gibt immer Möglichkeiten, die noch übrigbleiben, wenn wir nicht ganz gesund sind! Schmerz will uns immer in Berührung mit Leben und Dankbarkeit bringen, damit wir wach sind in der Fülle unseres Seins – jetzt, in diesem Augenblick!

Gott bildet durch Leiden seine Experten aus! Indem wir durch Leid geführt werden, wachsen wir. Wachstum ist immer mit Schmerz verbunden. Das trifft auch auf psychisches

Leid zu. Auch solcher Schmerz ermöglicht uns eine Berührung mit uns selbst.

»Gesundheit ist die völlige Befreiung von körperlichen Schmerzen und seelischer Disharmonie«, schreibt Dr. Diamond. Dieser Zustand, »in dem der Mensch der höchste Ausdruck der Macht und Güte seines Schöpfers ist«, ist unser gemeinsames Ziel. Wir erreichen es nicht zuletzt durch die Hinweise, die uns unser Körper gibt. Jeder Knick in der Wirbelsäule ist ein Ausrufezeichen. Er ist unser Ausgangspunkt, in dem unser Potential für eine neue, gesunde Haltung schlummert. Schmerzen bringen uns mit unserem Knick in Kontakt. Sie machen uns darauf aufmerksam, was uns krank macht.

Der Schmerz führt uns durch den kranken Körperteil in einen Lern- und Erfahrungsprozeß hinein. Wir beschäftigen uns jetzt intensiv mit ihm. Wir fragen uns: »Wie konnte das passieren? Warum habe ich diese Schmerzen?« Es liegt immer an uns, ob wir unseren Körper als Geißel betrachten oder ob wir sagen: »Es ist wirklich ein Wunder, diesen Körper zu haben und meine Erfahrungen mit ihm machen zu können!«

Schmerz ist immer eine unangenehme Erfahrung. Daher sollten wir uns auf das Experiment einlassen, Schmerzen einmal anders zu handhaben, als wir es gewohnt sind. Wir können unter unseren Schmerzen leiden, uns beklagen und wehleidig sein. Wir können aber auch leiden und erkennen. Leiden bringt Erkennen, wenn wir uns bewußt mit unseren Schmerzen auseinandersetzen! Nur wenn wir unserem Körper Aufmerksamkeit schenken, lernen wir, was wir falsch gemacht haben – wo wir noch nicht in Harmonie mit uns waren. Der körperliche Schmerz weist uns darauf hin, daß wir gegen unsere Natur gehandelt haben. Etwas an unserem Umgang mit uns selbst war noch nicht so, wie es unserem Wesen gemäß ist. Wenn wir Schmerzen als Boten unseres inneren Wesens verstehen, können wir uns dann nicht vorstellen, daß jede Krankheit eine Möglichkeit zu Gesundheit in sich birgt?

So wie jeder Schmerz ist auch jede Krankheit ein Aufruf: »Beschäftige dich mit der Botschaft, die dir dein Körper gibt. Geh deinem Geheimnis auf den Grund!«

Wenn wir krank sind, streben wir aus unserem tiefsten inneren Wissen, daß in uns etwas nicht in Ordnung ist, was wir noch nicht ganz verstanden haben, nach Heilung. Wir kennen unsere Symptome. Aber wir begreifen noch nicht, was uns krank macht, was nicht in Ordnung ist.

Dazu schreibt Dr. Bach: »Krankheit ist an sich wohltätig, und ihr Zweck ist, die Persönlichkeit zurück zum Göttlichen Willen der Seele zu bringen. Und damit sehen wir, daß sie vermieden werden kann; denn wenn wir selbst die Fehler erkennen könnten, die wir machen, und diese mit spirituellen und mentalen Mitteln korrigieren würden, wäre keine Notwendigkeit für die schweren Lektionen des Leidens vorhanden. Uns wird von der Göttlichen Kraft jede Gelegenheit gegeben, unser Leben wieder in der rechten Weise zu führen, bevor als ein letztes Mittel Not und Leiden angewendet werden müssen. Es mögen nicht die Irrtümer dieses Lebens sein, die wir bekämpfen; und obwohl wir uns in unseren physischen Gehirnen des Grundes unseres Leidens nicht bewußt sein mögen, das uns als grausam und grundlos erscheinen mag, kennen doch unsere Seelen – das, was wir wirklich sind – die volle Absicht und führen uns zu unserem besten Nutzen. Deshalb würden Verständnis und Korrektur unserer Irrtümer die Krankheit verkürzen und uns Gesundheit zurückbringen. Kenntnis der Absichten der Seele und Ergebenheit in dieses Wissen bedeuten Befreiung von irdischem Leiden und unserem Elend und geben uns die Freiheit, unsere Entwicklung in Freude und Glück voranzubringen ... Krankheit ist allgemein wegen eines grundlegenden Irrtums in unserer Einstellung fällig ... (weshalb) die letzte und vollkommene Heilung schließlich von innen kommt, aus der Seele selbst, die durch ihre Wohltätigkeit Harmonie durch die Persönlichkeit ausstrahlt, wann immer ihr dies erlaubt ist.« (40)

Wahre Heilung kommt von innen, das heißt aus uns selbst. Durch das bloße Wissen um unsere Einstellung erkennen wir zwar, in welcher Haltung wir uns befinden, wir *begreifen* es aber noch nicht. Alta-Major gibt uns die Möglichkeit, über die Berührung unseres Körpers zu »be-greifen«, wo wir neue Erfahrungen machen können und wie wir selbst dazu beitragen können, gesund und glücklich zu sein.

Solange wir uns in einer Disharmonie befinden, ist unsere Lebensenergie geschwächt. Dr. Diamond vertritt die Ansicht, daß »jede Krankheit mit einer Erschöpfung der Lebensenergie beginnt. Sollte diese Erschöpfung weitergehen, wird irgendein Körperorgan das Ziel der Krankheit sein.« Wenn wir die Disharmonie unserer bisherigen Körperhaltung begreifen, wird unsere Vitalität durch die neue Haltung, die wir einnehmen, gestärkt. Die aufrechte Körperhaltung hängt ganz eng mit der Thymusdrüsenfunktion zusammen, welche eine so bedeutende Funktion für unsere Gesundheit hat. »Wenn wir folglich ein optimales Funktionieren des Thymus erzielen und aufrechterhalten können, werden wir ein viel gesünderes, glücklicheres und längeres Leben vor uns haben, als es sonst der Fall wäre.«

Viele Menschen glauben, daß ihr Körper sogenannten Verschleißerscheinungen unterworfen sei. Ältere Menschen halten ihre Krankheiten daher oft für »normal«, genauso, wie jemand, der eine sitzende Tätigkeit ausübt, seine Rückenschmerzen oft für selbstverständlich nimmt. Dieser Glaube beruht darauf, daß wir noch keine andere Erfahrung an uns gemacht haben. Wir haben noch nicht erfahren, daß wir auch im höheren Lebensalter noch gesund und vital sein oder – im Falle der sitzenden Tätigkeit – unseren Arbeitstag schmerzfrei am Schreibtisch zubringen können. Ist es aber nicht vorstellbar, daß durch unsere Körperhaltung unsere Lebensenergie geschwächt wird, da unsere Drüsenfunktion eingeschränkt ist? Brenda Johnston schreibt: »Alle Krankheit ist durch Harmoniemangel verursacht, der seinerseits wieder Stauungen im Ätherkörper bewirkt.«

Ist es nicht möglich, daß unser Körper nicht aufgrund seines Alters, sondern aufgrund unserer inneren und äußeren Haltung »verschleißt« und schließlich krank wird? Unser Körper steckt voller Geheimnisse. Vieles erkennen wir erst, wenn wir auf unserer Entdeckungsreise neue Erfahrungen und Einsichten gewinnen, durch die Heilung und Gesundheit für jeden von uns zu einer realistischen Möglichkeit werden!

Die Berührung mit der eigenen Wirbelsäule

Wir wollen nun beginnen, den Kontakt mit unserer Wirbelsäule herzustellen. Sie ist die Basis unseres physischen Körpers, den sich unsere Seele als Ausdrucksmittel gewählt hat. Unsere Wirbelsäule ist wie der Stamm des Lebensbaumes. Unten befinden sich die Wurzeln – unser Verwurzeltsein in der Materie. Oben breitet sich die Krone aus – die Entfaltung des höheren Bewußtseins im Menschen. Die Äste und Zweige, die den Stamm seitlich verlassen, sind unsere Interaktion mit der Welt – die Handlungen (Hände!), die wir bewirken, und die Bewegungen (Beine!), mit deren Hilfe wir uns auf ein Ziel zubewegen.

Buddha wurde unter einem Bodhi-Baum erleuchtet. Die Energie der Erde (Wurzeln) verschmolz mit der Energie des Kosmos (Krone), so daß er ein Werkzeug Gottes werden konnte. Die Wirbelsäule (Stamm) ist der Kanal für die Lebensenergie, die ungehindert durch uns hindurchfließen kann, wenn wir aufrecht sind.

Wir wollen nun beginnen, in Berührung mit unserer Wirbelsäule zu kommen. Dazu sind die folgenden Übungen gedacht:

Übungen:

1. Übung:
Legen Sie sich auf den Boden. Ziehen Sie die Beine etwas an und lassen Sie sie locker auseinanderfallen, so daß sie wirklich bequem und entspannt liegen. Schließen Sie Ihre Augen. Atmen Sie ruhig und gleichmäßig, bis Sie Ihren eigenen Atemrhythmus gefunden haben. Spüren Sie, wo Ihr Hinterkopf auf dem Boden aufliegt. Spüren Sie den Punkt, wo Ihr Steißbein auf dem Boden liegt. Gehen Sie jetzt langsam vom Steißbein aus Ihre Wirbelsäule hinauf. Spüren Sie, wo sie den Boden berührt und wo nicht. Fühlen Sie, wo die einzelnen Wirbel aufliegen. Fühlen Sie den Übergang in den Nacken? Spüren Sie Ihre Halswirbelsäule bis hinauf zu dem Punkt, wo Ihr Kopf auf dem Boden aufliegt.

Bleiben Sie nun in Ihrer Vorstellung ganz bei Ihrer Wirbelsäule. Versuchen Sie, sie so zu sehen, als wären *Sie in* Ihrem Körper. Schauen Sie sich an, wie die einzelnen Wirbel aufeinandersitzen. Wie verläuft Ihre Wirbelsäule? Wo sind die Schwachstellen in Ihrer Wirbelsäule? Wo sitzen Ihre Rückenschmerzen? Machen Sie sich ein genaues Bild von Ihrer Wirbelsäule. Wenn es sich richtig für Sie anfühlt, öffnen Sie die Augen; beenden Sie die Übung, indem Sie ein paarmal tief ausatmen.

Im Anschluß an diese Übung nehmen Sie sich ein Blatt Papier und versuchen, Ihre Wirbelsäule zu zeichnen. Zeichnen Sie Ihre Schwachpunkte ein, die Stellen an Ihrem Rückgrat, die Ihnen am meisten bewußt sind. Markieren Sie die Punkte, wo Sie Schmerzen haben oder wo Ihre Probleme liegen. Heben Sie diese Zeichnung auf, legen Sie sie in dieses Buch. Ihre Wirbelsäule ist nun eine Art Biographie, die etwas über Ihre Lebensgeschichte erzählt – darüber, wer Sie sind.

2. Übung:
Legen Sie sich mit ausgestreckten Beinen auf den Boden. Gehen Sie erneut in die Wahrnehmung Ihrer Wirbelsäule hinein.

Spüren Sie mit geschlossenen Augen, wo Ihre Wirbelsäule den Boden berührt und wo sie sich vom Boden abhebt. Dann ziehen Sie die Beine an und heben das Becken ein klein wenig nach oben. Danach heben Sie die Beine etwas an, so als wollten Sie strampeln. Spüren Sie, was sich in jeder Lage an Ihrer Wirbelsäule verändert. Wie liegt sie jetzt auf dem Boden auf? Können Sie einen Unterschied zu der Lage mit ausgestreckten Beinen feststellen?

Die Lage mit gestreckten Beinen entspricht der Haltung der Wirbelsäule im Stehen, Sie spüren sicherlich ein Hohlkreuz. Wenn Sie dagegen Ihre Beine anwinkeln, befindet sich Ihre Wirbelsäule in der gleichen Haltung wie beim Sitzen. Sie liegt viel besser auf dem Boden auf.

Machen Sie sich keine Sorgen, wenn auch beim Liegen mit angewinkelten Beinen Ihre Wirbelsäule in Taillenhöhe nicht ganz auf dem Boden aufliegt. Es sind genau die Wirbel, deren Dornfortsätze nicht so weit nach außen stehen wie die der anderen Wirbel, so daß sie nicht die Möglichkeit haben, den Boden zu berühren, solange wir nicht das Becken anheben. Die eigentliche Säule unserer Wirbel – der Kanal unseres Nervensystems – kann deshalb trotzdem aufrecht sein!

3. Übung (Partnerübung):
Setzen Sie sich auf einen Hocker. Rutschen Sie mit den Sitzhöckern ziemlich an den Rand des Hockers, so daß Ihre Oberschenkel waagrecht sind und die Fußsohlen fest auf dem Boden aufliegen. Legen Sie die Arme locker auf Ihre Oberschenkel. Nun schließen Sie die Augen.

Ihr Partner steht hinter Ihnen. Mit der linken Hand faßt er Sie zart an der Schulter. Mit der rechten Hand tastet er nun mit geschlossenen Augen Ihre Wirbelsäule ab. Dabei fängt er ganz oben im Nacken an, am obersten Punkt der Halswirbelsäule – dem Alta-Major-Zentrum (dort, wo er die kleine Vertiefung unter der Schädelbasis spürt). Von dort aus tasten seine Finger nun sanft und langsam hinab bis zum Steißbein.

Nachdem Ihr Partner Ihre Wirbelsäule behutsam abgetastet hat, faßt er auch mit seiner rechten Hand sanft Ihre rechte Schulter. Er tastet um die Schultern herum und nach vorne in den Bereich unter den Schlüsselbeinen. Wenn er auch diesen Bereich abgetastet hat, bleibt er in liebevoller Berührung mit Ihnen verbunden und erzählt Ihnen, was er an Ihrem Rücken gespürt hat. Welche Entdeckungen hat er an Ihren Schultern, Ihrem Nacken und Ihrer Wirbelsäule gemacht? Ihr Partner beschreibt Ihren Körper wie eine Landschaft. Er hat ihn wie die Statue eines Bildhauers abgetastet, die er nun beschreibt, ohne zu werten. Sie hören ihm ganz einfach zu, und wenn er mit seiner Beschreibung fertig ist, bedanken Sie sich bei ihm. Seine Hände waren stellvertretend für die Ihren, damit Sie sich in Ihrem Körper und durch Ihren Körper begreifen konnten. Er hat Ihren Rücken und damit die Stellen an Ihrem Körper berührt, die Sie ohne Hilfe so nie wahrnehmen könnten, weil diese Bereiche unseres Rückens für unsere Hände in entspannter Haltung nicht voll erreichbar sind. Auch Ihr Partner bedankt sich nun bei Ihnen dafür, daß er Sie berühren durfte. Seine Hände durften an Ihnen »begreifen«!

Wenn Sie wollen, können Sie nun wechseln; Sie tasten in gleicher Weise den Rücken Ihres Partners ab. Vergessen Sie nicht, sich zum Abschluß der Übung zu bedanken. Sie dürfen sich nach dieser Übung von Ihrem Partner wünschen, an welcher Stelle Ihres Rückens er seine Hand noch länger liegen lassen soll, damit Sie sich in Ihrem Körper noch intensiver wahrnehmen können. Können Sie spüren, welch unterschiedliche Gefühle in Ihnen durch die Berührung der verschiedenen Rücken-, Nacken- und Schulterpartien wach werden? Jeder Teil Ihres Körpers hat in Ihrer Lebensgeschichte seine eigene Erfahrung gemacht und als Erinnerung gespeichert!

Danken ist ein fester Bestandteil der Alta-Major-Partnerübungen. Wenn Sie einem anderen Menschen die Möglichkeit geben, an Ihrem Körper mit seinen Händen etwas zu begreifen, sollte er Ihnen seinen Dank ausdrücken. Wenn Sie durch die Berührung eines anderen Menschen etwas über Ihren Körper erfahren, hat auch er Ihnen ein Geschenk gemacht: die Wahrnehmung Ihrer selbst.

Der Alta-Major-Weg ist nicht im Alleingang möglich, wenn wir ihn wirklich in seiner ganzen Tragweite für uns nutzen wollen. Das heißt nicht, daß nicht jeder seine Erfahrungen und seine Entwicklung mit sich allein machen kann. Wir müssen uns jedoch darüber im klaren sein, daß wir durch einen anderen Menschen viel mehr Möglichkeiten bekommen, die wir allein nicht haben. Dies ist beispielsweise der Fall, wenn wir unsere Wirbelsäule spüren wollen.

Wir sind als Menschen miteinander verbunden. Wir sind alle »Mitmenschen«. Wenn wir diese Einheit verstanden haben, ist sich all-ein fühlen etwas anderes als sich einsam fühlen. Unsere Sprache zeigt uns sehr deutlich, daß wir das tiefe Wissen in uns zu tragen scheinen, mit allen Menschen verbunden zu sein, weil wir alle zusammen ein und denselben Planeten beleben. Auf dem Alta-Major-Weg zum Aufrechtsein werden wir uns bewußt, daß jeder einzelne von uns ein einzigartiger Teil eines Ganzen ist!

Dies soll nun keine Philosophie der großen Verbrüderung sein. Wenn Sie Ihren Nachbarn nicht leiden können, mögen Sie ihn eben nicht. Das ist völlig in Ordnung. Aber Sie sollten sich vielleicht einmal überlegen, ob Sie nicht gerade durch ihn eine Erfahrung machen können, die nur er Ihnen ermöglicht. Jeder Mensch, dem Sie, in welcher Weise auch immer, begegnen, wird Ihnen vom Leben geschickt. Gleich ob die Begegnung erfreulich oder unerfreulich ist, Sie können etwas daraus lernen. Nutzen Sie die Begegnung, um immer mehr über sich selbst zu erfahren. Seien Sie dankbar für jeden Menschen und jede Situation in Ihrem Leben, die Ihnen die Möglichkeit geben, die Vielfalt des Lebens wahrzunehmen und die Kraft Ihrer positiven Lebenseinstellung zu erproben.

Sie selbst haben es in der Hand, ob Sie immer nur reagieren oder ob Sie selbst der Schöpfer Ihrer Umgebung sein wollen. Was bedeutet das? Sie können in jedem Moment Ihres Lebens durch Ihr positives Verhalten Licht, Verständnis und Liebe in eine Situation einbringen, auch wenn sie sich augenblicklich nicht so verändern läßt, wie Sie es sich wünschen. Sie können durch Ihre innere und äußere Haltung einen positiven Funken überspringen lassen, womit Sie dem Leben die Möglichkeit geben, Wunder zu vollbringen! Erinnern Sie sich, welch starke Tendenz zur Verwirklichung unsere Gedanken haben?

Dankbarkeit zieht uns empor! Der Dank, den wir einem anderen Menschen aussprechen, zeigt ihm, daß wir ihn anerkennen. Dankbarkeit ist die Sprache des Herzens, die unsere Begegnungen wieder »herzlich« machen kann!

Wie können wir lernen, auch da, wo es uns nicht so leicht fällt, Dankbarkeit zu empfinden? Dazu eine leichte Übung.

Übung:

Schreiben Sie einen Tag lang jede erfreuliche und unerfreuliche Begegnung auf, die Sie mit anderen Menschen hatten. Diese Begegnung kann auch ein Telefonat oder ein Brief sein. Abends nehmen Sie sich Ihre Notizen vor. Überlegen Sie bei jeder Begegnung, was Ihnen der andere Mensch mitgeteilt hat. Was hat er in Ihnen berührt? Was können Sie aus dieser Erfahrung lernen? Welche Botschaft will Ihnen diese Begegnung übermitteln? Was sollen Sie für sich selbst daran erkennen und daraus lernen?

Wir sollten für jede Situation, die uns berührt, dankbar sein. Dort, wo wir schmerzlich berührt sind, liegt unser Potential zu wachsen, so wie in unserem Knick in der Wirbelsäule die Möglichkeit liegt, uns aufzurichten. Und eines muß uns klar sein: Sie kann *eben nur dort* in unserem Knick liegen! Keine andere Körperstelle gibt uns den Impuls zum Aufrichten!

«Jeder muß, durch Denken sozusagen, für sich selber lernen, wie man aufwärts strebt in den Bereich der reinen Empfindungen und dann in den Bereich des Seins hinein. Diese Aufwärtsbewegung kann dort beginnen, wo du gerade bist, wenn du die herkömmlichen Einstellungen aufgibst und dein Herz mit einem neuen Lied füllst – einem Lied der Liebe, einem Lied des Lobes und einem Lied der Dankbarkeit.« (41) Diese Worte von Ruby Nelson lassen uns die Sprache des Herzens fühlen, die unserem Leben und unseren Beziehungen zu unseren Mitmenschen eine ganz neue Qualität verleiht: die heilsame Energie des Mitgefühls!

Wie unterstützt Mitgefühl Heilung?

Nur das, was wir an uns selbst begriffen haben, können wir bei anderen verstehen. Menschen, die viel Leid erfahren, durchleben einen Wahrnehmungsprozeß (nehmen Wahrheit an!), um später andere Menschen wirklich verstehen zu können. Da ihr Körper so viel Leid mitgemacht hat, können sie so viel Mitgefühl mit anderen haben.

Mitgefühl hat nichts mit Mitleid zu tun. Wenn wir Mitleid haben, nehmen wir die Haltung des anderen an. Das hilft ihm in keiner Weise aus seiner Situation heraus. Im Gegenteil: Wir verstärken sein Leid, indem wir unser eigenes noch hinzufügen. Wenn wir deprimiert sind, und jemand hat Mitleid mit uns, bedeutet das, daß er auch selbst mit-leidet, woraus wiederum Schuldgefühle entstehen.

Wenn wir aber mitfühlen, erkennen wir die Haltung des anderen und empfinden sie innerlich nach. Dabei können wir selbst jedoch aufrecht bleiben. Das Geknicktsein des anderen muß uns nicht selbst bedrücken. Damit können wir ihm aus seiner geknickten Haltung heraushelfen. Wir dienen ihm als

Spiegel, damit er sich aus seinem Knick aufrichten kann und er gibt uns einen Impuls zur Stärke, wenn wir uns dieser Gelegenheit bewußt werden.

Wenn wir einen anderen Menschen die Haltung, in der er sich befindet, in uns spiegeln und ihn mitfühlen lassen, hat er die Möglichkeit, etwas an sich selbst zu entdecken. Durch Mitgefühl werden die eigenen Gefühle wieder in Erinnerung gerufen. Wenn wir nicht die Möglichkeit hätten, uns in einem anderen Menschen zu spiegeln und so unsere Wachstumsmöglichkeiten zu erkennen, müßten wir ständig unseren Ist-Zustand wiederholen.

Was geschieht, wenn wir Mitgefühl haben? Nehmen wir als Beispiel die Partnerübung des gegenseitigen Abtastens. Stellen Sie sich vor, Sie tasten die Wirbelsäule eines Menschen ab, der sich in einer »hochmütigen« Haltung befindet. Durch die Berührung seiner Wirbelsäule geben Sie ihm die Möglichkeit, seine Körperhaltung zu spüren. Sie selbst spüren mit Ihren Händen, welche Haltung sein Körper eingenommen hat. Allein durch die Wahrnehmung dieser Haltung findet Verständnis statt. Sie verstehen durch die äußere Haltung, in welcher inneren Haltung sich ihr Partner befindet. Er selbst nimmt seinen Zustand wahr. Dadurch kann er sich wieder daran erinnern, wie er sich innerlich fühlt. Es ist gar nicht nötig, daß Sie mit Worten urteilen: »Du bist hochmütig«, der andere würde das kaum zugeben. An seinem Körper aber spürt er genau, was wahr ist. Durch seine äußere Haltung wird ihm seine innere Haltung bewußt, zum Beispiel die Schutzhaltung, um sich seine tiefste Verletztheit nicht eingestehen zu müssen. Wenn Sie nun spüren, welcher Knick seinem Hochmut zugrunde liegt – entstanden vielleicht aus einer längst vergangenen Zurückweisung oder Verletztheit –, verschwinden Ihre negativen Gefühle, die sein Hochmut in Ihnen ausgelöst hat. Sie fühlen seine Haltung mit und lassen ihn mitfühlen. Durch dieses gemeinsame Erlebnis des Mitfühlens, des miteinander Fühlens, entsteht die Möglichkeit der Veränderung. Ihr Partner hat vielleicht noch nie begreifen können, warum Menschen auf eine bestimmte Weise auf ihn reagieren. Er wußte nicht, daß er seine Verletztheit unbewußt in dieser Haltung tarnte. Vielleicht ist er gerade deshalb einsam, weil der andere vor ihm, dem »Hochmütigen«, Angst hat, die gleiche Angst, die er selbst zu verbergen sucht? Gerade die Menschen, die glauben, sich aus dem Weg gehen zu müssen, könnten vielleicht sogar Freunde sein! Die gemeinsame Wahrnehmung des Ist-Zustands schafft die Freiheit, sich aus ihm, über ihn zu erheben und aufzurichten.

Berührung führt uns zur Entdeckung unseres Ist-Zustands – der Haltung, in der wir uns gerade befinden. Mitgefühl führt uns zum Wiedererinnern der Gefühle, die die Ursache unserer Haltung sind, und ermöglicht uns, in unseren Knick zu gehen. Denn nur die Wahrnehmung unseres Geknicktseins weckt den Impuls zum Aufrichten!

Wenn wir bewußt berühren, können wir durch die Berührung wahrnehmen. Wahrnehmung, die durch Berührung erlangt wird, nennen wir »Be-greifen« oder »Ver-stehen«. Greifen steht immer in Zusammenhang mit den Händen, Stehen mit den Füßen. »Begreifen« und »Verstehen« scheint also über unsere Hände und Füße möglich zu sein. Wie funktioniert das?

»Be-greifen« und »Ver-stehen«

Wir haben bereits darüber gesprochen, daß die Alta-Major-Therapie uns über die Berührung in Kontakt mit unserer Wirbelsäule und unserem Knick bringt. Wir lernen, mit unseren Händen zu begreifen, in welcher Haltung wir uns befinden. Der Antrieb, in Kontakt zu kommen, besteht darin, daß wir uns selbst deutlicher wahrnehmen können, um die Einheit in uns wiederherzustellen.

In der Alta-Major-Therapie wird Ihnen mit verschiedenen Methoden gezeigt, was andere an Ihnen wahrnehmen. Dieser Wahrnehmungsprozeß ist mit einem Mitgefühl verbunden, das zu einem heilsamen Erlebnis wird.

Beim Begreifen sind immer unsere Hände mit im Spiel. Wenn ich mit den Händen etwas anfasse (greife) und mir diese Berührung bewußtmache, habe ich auch innerlich verstanden. Begreifen geht über den Intellekt hinaus. Kleine Kinder können durch Berührung sofort erfassen, was der Aufrichteprozeß bedeutet, auch wenn sie noch nicht sprechen können.

«So wie die Hände ohne das Haupt kaum eine Bedeutung hätten, könnte umgekehrt das Haupt ohne die Hände kein Haupt sein! – Durch die den Menschen so ausgesprochen kennzeichnenden Kräfte der aufrechten Haltung, der Aufrichtung und des aufrechten Ganges – äußerlich und der damit verbundenen Aufrichtigkeit und des aufrechten Verhaltens innerlich – sind diese den Menschen so ausgesprochen kennzeichnenden Kräfte von Haupt und Hand von ihrer Gebundenheit, von ihrer Fesselung an die Erde befreit. Die Gliedmaßen des Tieres sind ganz an die Erde gefesselt, auch sein Kopf. Das Tier muß beim Fressen mit dem Kopf an die Erde. Der Mensch ist mit Haupt und Hand davon befreit. Die Hände werden zu Dienern und Helfern des Oberen, der seelisch-geistigen Welt ... Ich darf in diesem Zusammenhang darauf aufmerksam machen, wie der aufrechte Gang und die Gliederbewegung, insbesondere die Arm- und Handbewegungen, die Gesten, die ›Sprache der Hände‹, auch die Grundlage für die Sprache selbst sind. Wenn das Kind sich gesund entwickelt, dann spricht es erst, nachdem es angefangen hat, sich aufzurichten. Die drei typisch menschlichen Tätigkeiten, der aufrechte Gang, die Sprache und das Denken, bauen ja aufeinander auf. – Der Zusammenhang von Haupt und Hand und Sprache ist ja der spezifisch den Menschen kennzeichnende Zusammenhang ... Wie die Beziehung der Hand nach oben, zum Haupte, so hat auch die Beziehung der Hand nach unten eine ebensolche Bedeutung: das Verhältnis der Hand zum Fuß. Die echte Hand setzt den Fuß voraus. Ohne Fuß gibt es keine Hand. Das heißt, ohne aufrechte Haltung gibt es keine Hände. Mit der aufrechten Haltung hängt aber auch der Fuß zusammen ... So kann man verstehen, wenn man in bezug auf irgendein Geschehen sagt: ›Die Sache hat Hand und Fuß.‹ Das heißt: Die Angelegenheit ist gegründet im typisch Menschlichen, nämlich in der Aufrechtheit, in der Aufrichtigkeit ...« (42)

In dem Prozeß des Wiedererkennens längst vergessener körperlicher und seelischer Zusammenhänge liegt das Geheimnis der Alta-Major-Therapie, in das uns dieses Buch vorbereitend einweiht.

Alta-Major will uns unseren Knick in der Wirbelsäule begreifbar machen. Warum haben wir den Knick bekommen? Das Leben hat uns den Knick und die damit verbundenen Schmerzen zugefügt, damit wir wirklich an unserem Körper begreifen, in welcher inneren Haltung wir uns durch unsere äußere Haltung befinden – und umgekehrt. Durch die bewußte Berührung mit den Händen können wir unseren Knick wahrnehmen (unsere Wahrheit annehmen). Dieses Begreifen auf körperlicher und geistiger Ebene schafft uns die Möglichkeit, den Ist-Zustand zu verändern. Nur wenn ich mir wirklich bewußt geworden bin, in welcher Haltung ich mich befinde, kann ich mich dazu entscheiden, eine neue Haltung einzunehmen.

Alta-Major lehrt uns, über das Begreifen mit den Händen am anderen zu erkennen, welche Haltung wir eingenommen haben und welche Haltung wir einnehmen können. Wir begreifen den Ist-Zustand und bekommen den Impuls, ihn zu ändern. Wir begreifen das Aufrichten der Wirbelsäule und bekommen die Vision, den Zustand des Aufrechtseins zu unserer neuen Haltung werden zu lassen. Wir können uns von unseren Schmerzen erst dann dauerhaft befreien, wenn wir uns die Disharmonie in unserer Lebenshaltung, die sie hervorgerufen hat, bewußtmachen. Wenn wir den schmerzenden Körperteil berühren, wird er uns bewußt, und der Heilungsprozeß kann einsetzen. Was geschieht, wenn wir unsere Fehlhaltung, unseren Knick, begreifen?

In der Homöopathie gilt das Prinzip: »Gleiches mit Gleichem heilen« (»similia similibus curantur = das Ähnliche möge durch das Ähnliche geheilt werden«). Der Patient bekommt ein Mittel verordnet, das ähnliche Qualitäten besitzt wie seine Krankheitssymptome. »Will man heilen, so muß dies immer mit einer Bewußtseinserweiterung einhergehen. Bewußtseinserweiterung ist aber Informationszufluß. Erhebt ein Medikament den Anspruch, ›Heilmittel‹ (Heilvermittler) zu sein, so muß es die dem Menschen fehlende Information übertragen.« (43) Auf einer anderen Ebene findet bei jedem Heilungsprozeß ein »Wiedererkennen« der körperlichen Störung statt, ähnlich wie bei der Alta-Major-Therapie, wo wir durch das »Be-greifen« unserer äußeren Haltung den Prozeß zum Aufrichten anregen. In der Alta-Major-Therapie ist Mitgefühl die »homöopathische« Energie, welche die fehlende Information liefert, den krank machenden Zustand zu begreifen und dadurch den Selbstheilungsprozeß in Gang zu setzen.

Alta-Major verhilft uns dazu, über unsere äußere Haltung zu erkennen, in welcher inneren Haltung wir uns befinden. Wir lernen, welches Verhalten uns in unsere momentane Haltung gebracht hat. Wir kommen durch die äußere Haltung wieder in Berührung mit unserer inneren Haltung und begreifen den Zusammenhang zwischen innen und außen: zwischen unserer Krankheit, unseren Schmerzen und unserer inneren Einstellung zu uns selbst. Alta-Major läßt uns mit unseren eigenen Händen begreifen, in welche äußere Haltung uns unsere innere Haltung gebracht hat. »Und so, wie die Hand eine tiefe Beziehung zu oben (Haupt) und eine tiefe Beziehung zu unten (Fuß) hat, so hat sie eine noch tiefere Beziehung zur Mitte ... Das Herz ist der eigentliche Quellpunkt des Vollmenschlichen ... Die ureigenste Geburtsstätte des Menschwürdigen ist diese Mitte, das Herz, die Mitte zwischen »Oben«, wo das Haupt mit seiner Ruhe und dem Denken, und dem »Unten«, wo der Fuß mit seiner Bewegung und den Willenskräften lebt.« Und »noch etwas hängt mit den Händen und mit den Armen zusammen. Das ist die Umarmung. Sie offenbart die innerste Verbindung und Vermählung der Mitte des Menschen mit seiner Umwelt, mit seinen Mitmenschen.« (44)

Vielleicht gründet darin unsere Sehnsucht nach einem Partner, um unser Leben zu erfüllen? Können wir nun verstehen, warum wir uns einen Partner suchen, um uns selbst im anderen zu finden?

Kapitel 2

AUFRECHT-SEIN

»Wir schulden dem Menschen höhere Hilfe als Nahrung und Feuer. Wir schulden dem Menschen – den Menschen.«

(Emerson)

»Vermeidet eine negative Einstellung zum Leben. Warum auf die Abwässer hinunterblicken, wenn wir von so viel Schönheit umgeben sind? Man kann selbst an den größten Meisterwerken der Kunst, Musik und Literatur noch etwas auszusetzen finden. Ist es aber nicht besser, sich an ihrer Pracht und Schönheit zu erfreuen?

Das Leben hat eine helle und eine dunkle Seite, denn die Welt der Relativität setzt sich aus Licht und Schatten zusammen. Wenn ihr euren Gedanken erlaubt, sich auf das Häßliche zu konzentrieren, werdet ihr selbst häßlich. Sucht in allem nach dem Guten, damit ihr nur das Schöne in euch aufnehmt!«

(Yogananda)

Der Knick in Ihrer Wirbelsäule

Wenn wir deprimiert sind, sagen wir: »Ich bin geknickt« oder »Ich bin bedrückt«. Damit bringen wir nicht nur unsere innere Haltung zum Ausdruck, sondern wir beschreiben zugleich unsere Körperhaltung. Wir sprechen im wahrsten Sinne des Wortes über unseren Knick in der Wirbelsäule.

Genaugenommen gibt es immer zwei Knicks in der Wirbelsäule, die unsere gekrümmte Haltung hervorbringen. Die Wirbelsäule knickt als erstes im Hals ein. Der Knick in der Halswirbelsäule ist die Ursache für den zweiten Knick in der Lendenwirbelsäule (siehe in Kapitel 1 »Was bringt die Körperhaltung zum Ausdruck?«).

Wie sind unsere Knicks oder Verkrümmungen der Wirbelsäule entstanden? Wir haben die Haltung, in der wir uns gerade befinden, irgendwann in unserem Leben eingenommen, indem wir uns – oft schon in unserer Kindheit – ein bestimmtes Verhalten angeeignet haben, um Liebe und Zuwendung zu bekommen. Dieses Verhalten machte es uns schwer, immer aufrichtig wir selbst zu sein.

In den meisten Fällen ist der Knick durch ein tiefgreifendes Erlebnis, einen »Schicksalsschlag« entstanden. Viele Kinder mußten sich ducken, um sich vor den Schlägen zu schützen, zogen den Kopf ein und versuchten, sich in sich zu verkriechen. Jeder kann an sich selbst nachvollziehen, welche Haltung wir einnehmen, wenn wir uns von Gefahr bedroht fühlen. Viele Menschen, die den Krieg miterlebt haben, sind in der Schutzhaltung vor den Bombenangriffen geblieben.

Der entscheidende Faktor, der uns dazu veranlaßt, uns zu »ducken«, ist die Angst. Um unseren Knick zu verstehen, ist es ganz wesentlich, zu erkennen, daß unsere Haltung nichts anderes als eine Schutzmaßnahme war. In dem Moment, in dem wir sie eingenommen haben, war sie für uns hilfreich. Doch unser Leben ist weitergegangen, und wir hätten uns eigentlich eine neue Haltung erlauben können. Die Angstsituation ist eigentlich nicht mehr vorhanden. Doch da uns unsere Haltung, die wir in der Vergangenheit eingenommen haben, niemals bewußt war, sind wir im Ansatz dieser Angsthaltung geblieben.

Und nun geschieht folgendes: Wir übertragen eine Haltung, die in einer bestimmten Angst- oder Streßsituation als Schutzhaltung diente, auf unser ganzes Leben. Natürlich gibt es auch andere Situationen in unserem Leben, die einen Knick in der Wirbelsäule zur Folge haben. Wenn wir »belastet«, »bedrückt«, »geknickt« sind, »den Kopf hängen lassen« oder uns vor etwas drücken oder ducken. Wenn wir um den Verlust eines geliebten Menschen trauern, sind wir natürlich deprimiert, und unser Körper bringt dies zum Ausdruck, auch wenn wir mit der Alta-Major-Methode gelernt haben, uns bewußt aus dem Knick zu befreien. Alta-Major heißt nicht, daß wir »ein Lineal verschlucken«. Im Gegenteil – wir lernen, in jedem Augenblick aufrichtig wir selbst zu sein.

Der entscheidende Unterschied ist, daß wir wissen, daß wir uns *immer wieder aufrichten können,* daß wir nicht mehr in der geknickten Haltung bleiben müssen, sobald unsere Traurigkeit oder unsere Angst vorüber sind. Wir können uns entscheiden, uns wieder aufzurichten. Genau hier setzt Alta-Major ein, und in diesem Punkt unterscheidet sich Alta-Major von allen anderen Therapien. Alta-Major macht uns unsere Haltung bewußt, wodurch der Impuls zum Aufrichten in uns geweckt wird. Jeder, der dies einmal an sich erlebt hat, wird erleben, daß ihn dieser Impuls immer wieder aufrichten kann. Dadurch bekommt das Leben eine völlig andere Qualität. Viele Menschen haben dieses Phänomen an sich selbst erfahren, wobei es keine Rolle spielt, welcher Schicksalsschlag einen Menschen in seine Haltung gebracht hat oder wie viele Jahre oder Jahrzehnte er schon in dieser Haltung verbracht hat. Jeder Mensch jeden Alters besitzt tief in sich ein Urwissen vom Aufrechtsein. Alta-Major macht uns durch die Berührung mit unserem Knick bewußt, in welcher Haltung wir bisher gelebt haben, und nur durch das bewußte Begreifen und Verstehen unseres Knicks wird uns dieses Urwissen zugänglich, um uns aus unserem Knick wieder aufzurichten!

Solange wir unbewußt in unserer geknickten Haltung bleiben, müssen wir all das kompensieren, was wir uns damit einhandeln: in allererster Linie, daß wir nicht glücklich sind, weil unser Leben nicht zu unserem wahren Wesen paßt.

Solange wir nicht aufrecht sein können, entsprechen unsere Lebensumstände immer unserer geknickten Haltung. Warum ist das so? Wir wollen dies am Beispiel der »bedrückten« und der »überheblichen« Haltung ein wenig näher beleuchten (siehe dazu auch in Kapitel 1 »Was bringt die Körperhaltung zum Ausdruck?«).

Unser Äußeres wirkt auf andere Menschen. Wenn wir mit hängendem Kopf und hängenden Schultern durchs Leben gehen, signalisieren wir unserer Umwelt, daß wir deprimiert sind. Damit unterschätzen wir uns selbst und werden unterschätzt, weil wir uns kleiner machen, als wir sind. Wir haben das Verhaltensmuster in uns gespeichert, uns nicht entfalten oder wachsen zu können. Wir haben uns aufgeopfert. In der gebeugten Haltung signalisieren wir Ängstlichkeit und mangelndes Durchsetzungsvermögen, obwohl das vielleicht gar nicht mehr stimmt. Wir manövrieren uns in eine minderwertige Rolle und geben den anderen Menschen buchstäblich Gelegenheit, uns zu übergehen und zu übersehen. Unser eigener Ausdruck der Ohnmacht (ohne Macht) gibt anderen Menschen die Möglichkeit, Macht über uns auszuüben.

Dagegen überfordern wir uns als »Tapfere« (Kopf hoch), die Überheblichkeit ausstrahlen, und werden von anderen überfordert, weil unser Körper versucht, uns größer wirken zu lassen, als wir in Wirklichkeit sind. Wir glauben, immer stark und tapfer wirken zu müssen. Wenn wir durch »überhebliches« Verhalten den Eindruck von Übermacht erwecken, fordern wir andere Menschen heraus, gegen die vermeintliche Stärke anzukämpfen, die vielleicht eine tiefe Verletzung birgt.

Doch wir können uns jetzt der Realität selbstverantwortlich stellen. Wir können Rückgrat beweisen und unseren eigenen Standpunkt vertreten. Wir brauchen uns nicht mehr kleiner oder größer zu machen, als wir in Wirklichkeit sind. Es liegt an uns, welche Lebenseinstellung wir haben, das heißt, welche Stellung wir unsere Wirbel einnehmen lassen, ob wir in unserem Knick bleiben oder unseren Wirbeln die Möglichkeit geben, uns nach und nach wieder aufzurichten.

Nun könnten Sie einwenden, daß Sie sehr wohl von negativen Faktoren in Ihrem Leben »geknickt« werden und daß Ihre Lebensumstände nicht zulassen, daß Sie ganz und gar Sie selbst sind. Überlegen Sie einmal, ob es vielleicht Ihre Haltung war, durch die Sie sich in diese Lebensumstände hineinmanövriert haben. Wenn Ihr Chef oder Ihr Partner Sie klein hält, kann er das nur, weil Sie ihm den Eindruck vermitteln, für diese Haltung bereit zu sein. Wenn Sie sich aufrichten – das heißt aber nicht, Ihren Kopf »hochmütig« erheben –, kommt niemand auf die Idee, Sie zu erniedrigen. Und wenn er es versucht, wird dieser Versuch fehlschlagen, weil sie aufrecht bleiben. Durch eine aufrechte Körperhaltung rufen wir eine völlig andere Umweltreaktion hervor. Sie können sicher sein, daß sich Ihre Umwelt in dem Maße ändert, wie Sie eine andere Haltung einnehmen. So können wir die Welt verändern, indem wir anfangen, uns selbst zu ändern!

Sie können die Reaktion der Umwelt auf die Körperhaltung an kleinen Experimenten im Alltag gut beobachten. Setzen Sie sich doch einmal mit krummem Rücken, hängenden Schultern und eingezogenem Kopf in ein Café und beobachten Sie, wie Sie behandelt werden. Übertreiben Sie ruhig ein wenig. Machen Sie ein spielerisches Experiment aus der Erforschung Ihrer Körperhaltung. Sie werden dann verstehen, warum man Sie übersieht oder Ihnen ablehnend begegnet oder warum sich niemand an Ihren Tisch setzt. Nehmen Sie ruhig einen Freund mit, wenn Sie dieses kleine Experiment nicht gern alleine machen wollen. Am nächsten Tag gehen Sie dann in einer völlig anderen Haltung in dasselbe Café und beobachten, ob man anders auf Sie reagiert.

Wenn Sie bis zu dieser Stelle des Buches den Alta-Major-Weg gegangen sind, ist Ihnen Ihre Körperhaltung sicherlich schon viel bewußter geworden. Alta-Major will Ihnen an dieser Stelle noch ein paar Übungen geben, mit denen Sie Ihren Knick selbst besser wahrnehmen können.

Übungen:

1. Übung:
Setzen Sie sich seitlich vor einen Spiegel, und nehmen Sie Ihre normale Sitzhaltung ein. Ihr Partner hält nun ein langes Lineal oder einen Stock senkrecht zur Sitzfläche an Ihren Rükken. Daran können Sie genau erkennen, wo Ihre Schultern, Ihr Hals und Ihr Kopf von der Geraden abweichen. Sie sehen nun genau, wo Sie abgeknickt und aus Ihrer aufrechten Haltung verrutscht sind.

Wenn Sie eine Zeichnung von Ihrer Wirbelsäule angefertigt haben, nehmen Sie die Zeichnung zur Hand, und vergleichen Sie sie mit dem, was Sie im Spiegel an Ihrer Haltung erkennen konnten. Auf diese Weise bekommen Sie eine gute Vorstellung von Ihrem Knick in der Wirbelsäule und Ihrer Körperhaltung.

Nun haben Sie Ihren Knick wahrgenommen. Wahrscheinlich sind Sie ein wenig erschrocken darüber, aber ich versichere Ihnen, das ist fast bei jedem so. Schließlich sind Sie tief berührt: Sie sind in Berührung mit Ihrer Lebenshaltung gekommen. Und ganz sicher spüren Sie aber noch etwas anderes, nämlich den starken Drang, sich aus dieser geknickten Haltung zu befreien. Das ist der Impuls zum Aufrichten, an dem wir nun anknüpfen wollen.

Forschen Sie nun nach, warum Sie diesen Knick bekommen haben. Was hat Sie dazu gebracht, diese Körperhaltung einzunehmen? Die folgende Übung kann Ihnen dabei helfen, die Antwort auf diese Frage auf die Spur zu kommen.

2. Übung:
Setzen Sie sich bequem hin, und schließen Sie die Augen. Atmen Sie ruhig und in Ihrem eigenen Rhythmus. Beim Ausatmen lassen Sie nun alles los, was hinter Ihnen liegt und was Sie erwarten. Stellen Sie sich nun vor, daß Sie sich selbst gegenübersitzen. Sie sind Ihr bester Freund. Jetzt ist der Beginn Ihres restlichen Lebens. Sie haben sich bis jetzt durch alle Erfahrun-

gen in Ihrem Leben begleitet und begleiten sich durch jede neue Erfahrung, die Sie noch machen wollen. Lassen Sie Ihr Gegenüber nun jünger werden, bis Sie sich als Kind sehen. Betrachten Sie dieses Kind, das Sie selbst sind, so, als wäre es Ihr eigenes. Wie alt ist es? Was hat es an? Was macht es? Wie wird es gerufen? Sprechen Sie Ihr Alter und Ihren Namen laut vor sich hin.

Sehen Sie dieses Kind jetzt in einer Situation, die es traurig gemacht hat. Lassen Sie diese Zeit noch einmal an sich vorbeiziehen. Stellen Sie sich vor, daß Sie dieses Kind jetzt trösten dürfen. Legen Sie ein Kissen auf Ihren Schoß, und drücken Sie es an Ihr Herz. Es ist dieses Kind, das für Sie durch diese entscheidende Lernstufe des Lebens gegangen ist und das von Ihnen angenommen und geliebt werden möchte!

Jetzt lassen Sie eine Situation vor Ihrem inneren Auge auftauchen, wo dieses Kind sehr glücklich war, ein Tag in seinem Leben, wo es ohne äußeren Anlaß Glück und Freude erlebt hat. Betrachten Sie auch diese Situation genau. Es ist wichtig, daß Sie auch die glücklichen Situationen wieder in sich hervorrufen, wenn Sie sich an »geknickte« Situationen erinnern!

Öffnen Sie langsam die Augen, wenn Sie glauben, genug wahrgenommen zu haben.

Vielleicht haben Sie nach dieser Übung Lust, sich ein Kinderbild von sich zu holen, und vergessen Sie nicht: Dieses Kind ist heute noch in Ihnen lebendig!

Diese Übung weckt Ihre Erinnerung an sich selbst. Durch das Wiedererinnern können Sie herausfinden, warum dieses Kind eine geknickte Haltung einnehmen mußte.

Wenn wir den Weg zum Aufrechtsein gehen, erinnern wir uns früher oder später wieder daran, welches Ereignis oder welche Situation in unserem Leben uns den Knick beigebracht hat. Dieses Wiedererinnern ist wichtig, damit wir unsere bisherige Lebenshaltung, in die uns unser Knick gebracht hat, wirklich begreifen können.

In unserem Knick ist das Erlebnis aus unserer Lebensgeschichte festgehalten, das sich zum Zeitpunkt, als es sich ereignete (meist schon sehr früh in unserer Kindheit), nicht auflösen konnte. Wir konnten uns damals nicht aus unserem Knick aufrichten und haben die damals eingenommene Haltung unbewußt bis heute beibehalten. Wenn wir uns daher heute unserer geknickten Haltung bewußt werden, tauchen die Erinnerungen an die Zeit wieder in uns auf, in der wir eingeknickt sind.

Während der verschiedenen Alta-Major-Behandlungen und Übungen kann es vorkommen, daß wir uns plötzlich wieder als Kind erleben, das sich in einem bestimmten Alter in die Haltung begeben hat, die wir jetzt als Ist-Zustand an uns wahrgenommen haben. Wir erleben noch einmal, welche schmerzliche Erfahrung uns den Knick in unserer inneren und äußeren Haltung beigebracht hat. Dieses Wiedererleben ist ein Verarbeitungsprozeß, der durch das Begreifen des Knicks eingeleitet wird.

Da wir aber gleichzeitig unser Aufrechtsein erleben, erhalten wir eine Vision von uns, die uns den Schmerz über das Vergangene erleichtert. Wir bleiben nicht mehr in unserem Schmerz und unserem Knick hängen, sondern tragen nun das konkrete Wissen in uns, daß diese Lebenshaltung der Vergangenheit angehört und wir ab jetzt die Möglichkeit haben, unsere Haltung selbst zu bestimmen. Durch die Vision unseres Aufrechtseins und das Erlebnis des Aufrichtens aus dem Knick schaffen wir in uns die Möglichkeit zu wahrer Heilung: Wir können die Vergangenheit und unser Geknicktsein bewältigen, weil wir das Aufrichten als reale Möglichkeit im Jetzt erkannt haben.

Wenn wir uns heute wieder an die Situation erinnern, die uns den Knick in unserer Haltung beigebracht hat, können wir uns jetzt die liebevolle Zuwendung geben, die uns damals nicht zuteil geworden ist. Wir können liebevoll und mitfühlend mit diesem Wesen umgehen, das sich gar nicht anders helfen konnte, als sich in diese Haltung zu flüchten. Jetzt sind wir in der Lage, uns unserer selbst annehmen!

Sie dürfen jetzt Ihren eigenen Schutzengel spielen! Versuchen Sie doch einmal unsere »Schutzengel-Übung«:

2. Übung:
Spielen Sie eine Woche lang Ihren eigenen Schutzengel. Überlegen Sie sich, was Sie sich von Ihrem Schutzengel wünschen. Was würde Ihnen Ihr Schutzengel Gutes tun? Wie würde er Ihnen in der Stimmung, in der Situation, in der Sie sich augenblicklich befinden, helfen? Welche Freude würde er Ihnen bereiten? Wie würde er Sie verwöhnen? Wie würde er Sie in Ihrem Prozeß des Aufrichtens unterstützen?

Gehen Sie nun folgendermaßen vor: Sie selbst spielen die Rolle des Schutzengels. Erklären Sie Ihren vertrauten Freunden und Verwandten, daß Sie sich nun eine Woche lang so behandeln werden, wie es Ihnen wirklich guttut. Sie werden also nichts tun, was Ihnen absolut widerstrebt. Sie werden sich zu nichts zwingen, was nicht unbedingt sein muß. Wenn Sie zum Beispiel keine Lust haben, einkaufen zu gehen, teilen Sie dies Ihren Angehörigen mit, indem Sie vielleicht sagen: »Mein Schutzengel ist der Meinung, daß es mir heute guttut, nicht einzukaufen und zu kochen. Ich möchte heute lieber zum Essen eingeladen werden.« Machen Sie sich jeden Tag eine kleine Freude. Kaufen Sie sich kleine Geschenke und Blumen, so wie Sie es machen würden, wenn Sie für jemand anderen Schutzengel spielen sollten!

Seien sie einfach gut zu sich selbst. Seien Sie Ihr bester Freund und Helfer, der für alles Verständnis hat, was Sie bewegt, und vor allem, der Ihnen Ihre Wünsche erfüllt! Stärken Sie sich auf diese Weise selbst den Rücken, und denken Sie daran: Wenn Sie sich aufrichten, wird Ihre ganze Umwelt davon profitieren! Gönnen Sie es sich, daß Sie sich bei diesem Prozeß jede erdenkliche Unterstützung zukommen lassen! Folgen Sie Ihren heilsamen Impulsen!

Der Impuls zum Aufrichten

Wir denken eigentlich kaum darüber nach, warum wir uns aufgerichtet haben und auf zwei Beinen gehen. Warum versucht das Kind, auf seinen zwei Beinen zu stehen, und krabbelt nicht einfach auf allen vieren weiter? Selbst wenn wir von der Tatsache ausgehen, daß die aufrechte Körperhaltung viel weniger Energie verbraucht, stellt sich die Frage, warum der Mensch mehr Energie zur freien Verfügung haben will. Das Kind weiß in dem Moment, wo es zum ersten Mal auf zwei Beinen steht, nicht, daß es jetzt über mehr freie Energie verfügt. Die Energieeinsparung kann nicht das Motiv zum Aufrichten sein, da sie umgekehrt erst danach festgestellt werden kann. Es muß also einen Impuls geben, der den Menschen dazu bringt, sich aufzurichten. Derselbe Impuls veranlaßt auch Pflanzen und Bäume, immer nach oben dem Licht zuzustreben.

Die Tatsache, daß die aufrechte Körperhaltung dem Menschen Möglichkeiten bietet, die das Tier nicht hat, legt nahe, daß hinter dem Aufrechtsein eine Absicht steckt, die sich uns um so mehr offenbart, je mehr wir uns unseres Aufrechtseins bewußt werden. Der göttliche Plan hat uns in dieser Haltung vorgesehen, damit wir zu dem werden können, als der wir für unser physisches Leben gedacht sind. Jeder Mensch weiß in seinem Inneren, daß er aufrecht gedacht ist. Dieses Wissen ist uns nur nicht bewußt. Unbewußt aber gibt es uns immer wieder den Impuls, uns aufzurichten.

Was ist es, was uns nach oben zieht? Der Impuls zum Aufrichten ist ein Phänomen, das wir nur von der Basis der seit Einstein erlangten wissenschaftlichen Erkenntnisse aus beleuchten können, nämlich, daß Materie Energie in ihrer dichtesten Form ist.

Energie kann in verschiedene Zustände versetzt werden. Wenn sie sich zu Materie verdichtet, gilt das Gravitationsgesetz. Der menschliche Körper ist dem Gesetz der Schwerkraft unterworfen. »… unsere menschliche, aufrechte Haltung ist eine äußerst empfindliche Balance, ein Ausgleich von Kräften, herbeigeführt durch ein Zusammenspiel sensorischer und motorischer Mechanismen, durch das jede muskuläre Anstrengung praktisch eliminiert wird.« (45) Was sind das für Kräfte, die bei der aufrechten Haltung wie durch ein Wunder in Balance gehalten werden. Wir wollen sie hier »Schwerkraft« und »Leichtkraft« nennen.

Bedeutet Leichtkraft »Lichtkraft«?

Man könnte dem Gesetz der Schwerkraft, das uns zur Erde hinabzieht, das Gesetz der Leichtkraft als Gegenpol hinzufügen, das uns nach oben zieht. Wenn Schwerkraft und Leichtkraft in Harmonie sind, entsteht daraus die Anmut eines gesunden und vitalen Körpers. Wir könnten die Leichtkraft auch als Aufrichtekraft bezeichnen. Es ist die Kraft, die uns den Impuls zum Aufrichten gibt.

«Um den Zug der Schwerkraft auszugleichen, haben wir eine Lebenskraft, die durch uns und durch alle lebenden Wesen fließt. So wie sie die Vögel sich zum Flug erheben und Bäume gerade und hoch wachsen läßt, kann sie bewirken, daß unsere Bewegung schön, mühelos und frei ist. Wenn wir diese Kraft in uns spüren und sie durch Nacken und Schultern fließen lassen, bewegen wir uns anmutig, und unsere Muskeln scheinen zu wissen, was sie tun müssen, ohne daß bewußte Kontrolle erforderlich ist.« (46)

Was ist die Leichtkraft, die uns nach oben zieht? Sie ist physikalisch nicht nachweisbar. Doch esoterische Schulen liefern uns eine Erklärung für das Phänomen der Leichtkraft, die für das Wachstum und das Aufrichten zuständig ist:

«Laß mich etwas über ein Gesetz sagen, das die Wissenschaft früher oder später entdecken wird. Ich nenne es ›Gesetz der Anmut‹. Genauso wie es ein Gesetz der Schwerkraft gibt, ... ganz genauso ist auch ein anderes Gesetz da: das Gesetz der Anmut, das hochzieht. Das Gravitationsgesetz zieht die Dinge nach unten, das Anmutsgesetz hebt die Dinge hoch. Im Yoga heißt es Levitation. ... Die Wissenschaft weiß, daß jedes Gesetz sein Gegenteil hat, zu seiner Ergänzung. Die Gravitation muß ein Gesetz haben, das ihr Gegensatz ist, um sie zu ergänzen. Dieses Gesetz nenne ich versuchsweise ›Anmut‹ – es wird in der Zukunft irgendeinen anderen Namen bekommen. Denn die Wissenschaftler werden es, wenn sie es entdecken, nicht Anmut nennen. Aber das scheint der beste Name dafür zu sein. Gott hebt dich hoch.« (47)

Vielleicht ist es die göttliche Energie, die wir auch »Licht« oder »Lichtkraft« nennen können, durch die wir uns aufrichten oder durch die Pflanzen und Bäume buchstäblich nach oben »gezogen« werden? Das Phänomen der Energie, die uns hochzieht, zeigt uns sehr deutlich, daß im Menschen *zwei* Kräfte wirken: die Kräfte der Erde und die Macht der Seele, des Lichts oder die Kraft Gottes, wie auch immer man sie nennen mag! »Wahres Aufrechtsein ... ist mehr als ein Phantasiegespinst. Tatsächlich ist es Realität: Die aufrechte Körperhaltung ist ein funktionales Phänomen, eine Gerade, durch die die Energiefelder des Körpers, die diese vertikale Achse umgeben, im Gleichgewicht gehalten werden, erdgebunden. Die Vertikale ist ein Ausdruck für die Energiebeziehung zwischen Erde und Sonne. Das Pflanzenreich bringt diese Polarität auf seine Weise zum Ausdruck. Das Aufwärtsstreben der Pflanzen ist ein materieller Beweis vitaler Polarität. Immer wenn Leben nach einem höheren, komplexeren Ordnungsgrad strebt, erhält das Aufwärtsstreben mehr Signifikanz. In dem Maße, wie sich eine höhere Ordnung entwickelt, definiert sich eine strukturelle Organisation der Gravitation und Antigravitation (Schwerkraft und Leichtkraft, Anm. d. Verf.). Diese grundlegende Polarität, die in der Erde wurzelt, drückt sich im vertikalen Aufrichten aus«, (48) schreibt Ida Rolf. Man könnte diese Polarität von der Leichtkraft aus betrachtet auch umgekehrt sehen. Das Gesetz der Schwerkraft wurzelt in der Erde, das Gesetz der Leichtkraft in der Seele, in der göttlichen Energie. Die Leichtkraft gehört dem Bereich des

Energiekörpers des Menschen an und setzt den Impuls zum Aufrichten.

Wenn die Schwerkraft im Zusammenhang mit der Materie steht, steht die Leichtkraft in Verbindung mit Licht. Einsteins berühmte Formel $E = mc^2$ (Energie = Masse x Lichtgeschwindigkeit) war der Beginn der Entdeckung, daß Licht der Kern aller Dinge ist. »Auf biologischer Ebene hängt alles Leben vom Prozeß der pflanzlichen Photosynthese ab, in dem Lichtenergie in chemische Energie umgewandelt wird. Die Photosynthese, der größte natürliche chemische Prozeß auf dieser Erde, ist von Lichtenergie abhängig.« (49)

Ist es nicht denkbar, daß wir diese Lichtkraft ebenso in uns aufnehmen und umwandeln wie die Pflanzen? Wie wir wissen, nehmen wir die Lebensenergie über das Alta-Major-Zentrum auf. Liegt es nicht nahe, daß unsere Lebensenergie, die wir »von oben« bekommen, Licht oder Lichtkraft ist? Vielleicht offenbart sich uns das Geheimnis der Leichtkraft, die uns nach oben zieht, je mehr wir uns für diese Energie öffnen und uns dieser Aufrichtekraft zur Verfügung stellen!

Die Leichtkraft: Das Geheimnis des Aufrecht-Seins

Solange wir in einem Stadium des Geknicktseins sind, kann unser Körper nicht vollkommen gesund sein. Disharmonie schließt vollkommene Gesundheit aus. Je aufrechter wir werden, desto mehr kommen Schwerkraft und Leichtkraft in Harmonie. In gleichem Maße, wie wir diese Harmonie herstellen, werden unser Körper und unsere Seele gesund.

Jeder Mensch trägt das Wissen in sich, daß er sich zum Bewußtsein, Aufrechtsein und Heilsein hin entwickelt. Daher kommt uns das Aufrichten unserer Wirbelsäule nicht befremdlich vor. Im Gegenteil, jeder empfindet es als wohltuend, befreiend, erleichternd und heilsam, wenn er sich selbst aus seinem Knick erlöst. Tief in unserem Inneren wissen wir alle, wie wir gedacht sind. Wir spüren »instinktiv«, wie wir heil werden können. Alta-Major unterstützt unsere Vision von unserem Aufrechtsein und macht es zu einer lebendigen Erfahrung, die jeder an sich verwirklichen kann. »Denn heil wird der Mensch nur in dem Maße, wie er den in ihm verborgenen Schatz finden und hervorleuchten lassen kann.« (50)

An einem kleinen Experiment können Sie Ihre eigene Reaktion auf das Aufrichten testen:

Übung:

Setzen Sie sich auf einen Stuhl. Versuchen Sie mit den Sitzhökkern so weit wie möglich an die Stuhlkante zu rutschen, so daß Ihre Oberschenkel parallel zum Boden sind und Ihre Fußsohlen fest auf dem Boden aufliegen. Richten Sie sich so gerade auf wie möglich. Drücken Sie nun Ihre Schultern so nach unten und nach hinten, daß Sie spüren, wie Ihre Schulterblätter zur Wirbelsäule hin zusammengeführt werden. Senken Sie Ihr Kinn etwas zur Brust hin, und neigen Sie die Stirn dabei ein wenig. Machen Sie diese Bewegung in »Zeitlupentempo«! Spüren Sie dabei genau, wie sich Ihre Halswirbelsäule streckt. Wenn Sie das Gefühl haben, daß sich Ihr Hals gestreckt hat, spüren Sie genau in sich hinein, welche Stimmung diese Haltung in Ihnen auslöst. Sprechen Sie nun das Wort »Ja« laut aus und wiederholen Sie es einige Male. Lassen Sie ein Lächeln zu! Können Sie das »Ja« fühlen, das diese Haltung in Ihnen entstehen läßt? Es ist Ihr »Ja« zum Leben, Ihr »Ja« zu leben!

Diese Haltung entspricht der Buddha-Haltung. Sie ist in vielen Klöstern auch als Demutshaltung bekannt, wie sie beispielsweise in der Benediktiner-Regel beschrieben ist. Es ist die Demut der Lebensbejahung, der Lebensfreude und damit der Dankbarkeit gegenüber dem Göttlichen. Offensichtlich besaßen die Gründer dieser »Regeln« die Weisheit und das Wissen, daß nur in dieser Haltung das Alta-Major-Zentrum zum Tor für die Lichtenergie wird!

Alta-Major ist die Entdeckung des bewußten Aufrichtens,

durch das wir unser Alta-Major-Zentrum öffnen. Das Geheimnis der Leichtkraft wird in dem Moment offenbar, in dem wir uns bewußt aufrichten. Wenn wir völlig aufrecht sind, das heißt keinen Knick mehr in der Wirbelsäule haben, kommt dieses Gesetz zur vollen Wirkung. Dann vollzieht sich das, was in der Sprache der Pioniere des Neuen Zeitalters »zu einem Kanal für die göttliche Energie werden« genannt wird.

Newton entdeckte das Gesetz der Schwerkraft an einem Apfel, der vom Baum fiel. Aber das Gravitationsgesetz wirkte natürlich auch schon vor seiner Entdeckung. Äpfel fielen schon immer von den Bäumen. Genauso verhält es sich mit dem Gesetz der Leichtkraft. Wir können nichts entdecken, was nicht bereits existent ist. Doch die Entdeckung führt unweigerlich einen Wendepunkt herbei: In dem Moment, wo wir etwas entdeckt haben, können wir es kreativ nutzen. Wir können bewußt Neues daraus hervorbringen.

Wenn wir unseren Knick entdeckt haben, bekommen wir durch diese Entdeckung den Impuls, uns wieder aufzurichten, und die Möglichkeit, eine neue Haltung einzunehmen. Jeder Impuls geht vom Gehirn aus, wir können ihn aber mit verschiedenen Mitteln verstärken. Auf dem Weg aus dem Knick ist die Vision vom Aufrechtsein ein wichtiges Hilfsmittel. Die nachfolgende Visualisierungsübung verhilft Ihnen dazu, Ihren Impuls zu verstärken.

Visualisierungsübung:

Setzen oder legen Sie sich bequem und entspannt hin, und schließen Sie die Augen.

Stellen Sie sich den Punkt zwischen Ihren Augenbrauen vor. Stellen Sie sich vor, daß genau an Ihrer Nasenwurzel zwischen den Augenbrauen alles leicht und frei wird. Alle Falten verschwinden. Die Sorgenfalten, die sich dort gebildet haben, sind nichts anderes als »Gitter vor Ihrem dritten Auge«. Entfernen Sie dieses Gitter nun. Statt dessen breitet sich an dieser Stelle eine weiße Leinwand aus. Auf dieser weißen Leinwand sehen Sie sich jetzt so, wie Sie gedacht sind. Wenn Sie wollen, können Sie sich irgendein Photo aus Ihrem Leben vorstellen, bei dem Sie das Gefühl haben, daß Sie darauf wirklich so abgebildet sind, wie Sie gemeint sind – ein Bild, auf dem sich Ihr Sein mit Ihrem Wesen deckt. Lassen Sie Ihrer Phantasie die Möglichkeit, dieses Bild zu erschaffen – wie ein Regisseur oder ein Photograph, der ein ganz besonders schönes und vollkommenes Bild von einem Menschen zeigen will. Malen Sie sich aus, wie Sie in Ihrer Vollkommenheit gedacht sind, und betrachten Sie, wohin Sie sich entfalten und welche Möglichkeiten in Ihnen schlummern.

Alta-Major ist ein ganz realistischer Weg der Heilung. Wir heilen uns selbst, indem wir eine neue Haltung einnehmen. Die Vision und der Impuls vom Aufrechtsein entstehen »von heute auf morgen«, dorthin zu gelangen ist unser Weg. Erstaunlicherweise verändern sich unser Befinden und unsere Lebenshaltung spürbar von dem Moment an, in dem wir einmal mit der Alta-Major-Energie in Berührung gekommen sind. Unser Körper wächst in seine neue Haltung hinein. Das Aufrechtsein wird unsere neue Lebenseinstellung.

«Die 1000 Meilen lange Reise beginnt mit einem Schritt«, sagte Laotse. Wir geben dem Leben ein völlig neues Bild von uns, denn »das, was wir tun, gehört der Welt. Im Wie bekundet der Mensch sich in seiner Haltung«, (51) um es mit den Worten von Graf Dürckheim zu sagen!

Wer Alta-Major einmal begonnen hat, weiß, daß er damit keine Methode praktiziert, die etwas von außen aus ihm »macht«. Er weiß, daß er von innen und außen zu dem wird, was er selbst aus sich macht: Er wird aufrecht und aufrichtig, und zwar in dem Augenblick, in dem er die Möglichkeit des Aufrechtsseins in sich mit seinen eigenen Händen wahrgenommen und mit seinen eigenen Händen begriffen hat!

Was hat »aufrecht« mit »aufrichtig« zu tun?

Eine aufrechte Wirbelsäule stärkt augenblicklich das Wohlbefinden. Noch einmal sei an dieser Stelle daran erinnert, daß wir mit »Aufrechtsein« nicht meinen, die Brust herauszudrücken und ins Hohlkreuz zu gehen. Gerade das Hohlkreuz gleichen wir in der Alta-Major-Therapie aus, indem wir lernen, uns wirklich in unser Lot einzupendeln. Unsere Wirbelsäule ist so flexibel und elastisch, daß sie jede Haltung einnehmen kann. Der durch unseren Knick verursachte Haltungsschaden verursacht einen Muskelpanzer, den wir mit gezielten Übungen allmählich wieder auflockern. Wir entspannen unsere Muskulatur, wodurch wir immer mehr Bewegungsfreiheit erlangen. Wir lernen, unsere Wirbel zu spüren und bewußt in die richtige Lage zu bringen. Es ist möglich, jeden einzelnen Wirbel zu bewegen. Dazu bedarf es natürlich der Übung. Wichtig ist jedoch, um diese Möglichkeit zu wissen und sich dann auf den Weg dorthin zu begeben.

In dem Moment, in dem sich unsere Wirbelsäule aufrichtet, wobei es ganz wesentlich darauf ankommt, daß wir durch das leichte Neigen des Kinns zur Brust hin die Halswirbelsäule strecken, tritt bei jedem Menschen körperlich-seelisches Wohlbefinden ein. Dieses Wohlbefinden ist dem Gefühl vergleichbar: »Ja, so stimmt meine Haltung. Ja, so bin ich in Wirklichkeit. Ja, so möchte ich eigentlich sein. Ja, so möchte ich mich anderen Menschen zeigen.« Dieses plötzliche Erkennen dessen, was ich wirklich bin, ist ein Phänomen, das jeder an sich erlebt, der die »Aufwärtsbewegung« des Aufrichtens tief innerlich begriffen hat. Die Wahrnehmung des eigenen Aufrechtseins rührt die meisten Menschen im ersten Augenblick zu Tränen. Sie verspüren eine Erlösung im wahrsten Sinne des Wortes – da sich ihr wahres Selbst aus den Fesseln einer beengenden inneren und äußeren Haltung zu lösen beginnt! Kein Wunder, daß der Anblick des eigenen Aufrechtseins sofort ein Lächeln auf die Lippen zaubert!

Das Erlebnis des bewußten Aufrechtseins bleibt unauslöschlich in der Erinnerung haften. Wenn man sich nur ein einziges Mal bewußt, und die Betonung liegt auf »bewußt«, aufrecht sitzend wahrgenommen hat, prägt sich dieses Bild für immer ins Gedächtnis ein. Das Aufrechtsein wird zum Inbild und Lebensziel.

Nur der aufrechte Mensch ist auch ein wahrhaft aufrichtiger Mensch. Sind wir denn alle Lügner, nur weil wir einen Haltungsschaden haben? Welcher Zusammenhang besteht also zwischen aufrecht und aufrichtig?

Das Wort »aufrichtig« hat offensichtlich etwas mit dem Aufrichten zu tun. Mit einem aufrichtigen Menschen verbinden wir unter anderem Charaktereigenschaften wie Ehrlichkeit, Vertrauenswürdigkeit, Offenheit, Zuverlässigkeit, Courage, Selbstbewußtsein, Fairneß, Verantwortung, Kritikfähigkeit. Ein aufrichtiger Mensch steht zu sich selbst. Er besitzt Rückgrat und hat einen eigenen Standpunkt. Und was besonders auffällig ist: Er wird akzeptiert, geschätzt und geachtet. Zwar wird er nicht von jedem geliebt, da Aufrichtigkeit nicht von jedem Menschen vertragen wird, er verletzt aber auch niemanden. Wenn ich aufrichtig sage, was meine Meinung ist, gebe ich damit meiner Wahrheit Ausdruck.

Das Sprichwort »Wahrheit schmerzt« wird weitgehend falsch verstanden. Wahrheit ist immer subjektiv das, was für einen Menschen individuell richtig ist. Seine eigenen Wahrheiten zu erkennen ist immer heilsam. Sie eröffnen einem das, was zu einem paßt, damit man das erkennen kann, was nicht dem eigenen Wesen entspricht. Nicht die Wahrheit tut weh, sondern der Verlust dessen, was man um ihretwillen lassen muß.

Aufrichtig zu sein heißt demnach, mich so auszudrücken und so zu handeln, wie es meinem Wesen gemäß ist. Die Wahrnehmung dessen, was mir entspricht, ist nur möglich, wenn ich die Realität vom richtigen, das heißt »rechten« Blickwinkel aus betrachte. Wenn ich jemandem gerade in die Augen schaue, kann ich genau erkennen, was er für mich darstellt. Blicke ich von oben auf ihn herab, mischt sich sofort Geringschätzung mit in die Begegnung, und es entsteht Mißtrauen. Blicke ich zu ihm hinauf, mischt sich sofort »Anhimmeln« oder »Duckmäuserei« mit hinein. Wenn ich jemanden gerade anblicke und mich so sehen lasse, wie ich bin, kann ich erkennen, wer er ist und welche Rolle er für mich spielen kann, ob ich etwas von ihm lernen kann oder ob er gerade nicht besonders interessant für mich ist. Die Wahrnehmung dessen, was für mich richtig ist, verleiht mir die richtige Perspektive, und ich brauche nicht mehr zu verurteilen. Ich entscheide eigenverantwortlich, was für mich richtig ist, und brauche den anderen Menschen nicht zu ändern.

Um keine Unklarheiten entstehen zu lassen, sei an dieser Stelle noch erwähnt, daß das Herabsehen und Aufschauen immer vom Knick aus zu verstehen ist. Ein Mensch, der 1,90 m groß ist, wird natürlich auf einen Menschen, der 1,60 m groß ist, hinunterschauen, wenn er ihm gegenübersteht. Er kann jedoch mit einer aufrechten Wirbelsäule stehen und seinen Kopf neigen, wie wir ja auch in der aufrechten Körperhaltung einmal in den Himmel und ein andermal wieder auf den Boden schauen. Erst der Knick in der Wirbelsäule macht das Aufschauen zu einem anderen zum Ducken oder Anbeten und das Hinabschauen zum Verachten und zu Überheblichkeit. Kleine Menschen haben oft das Gefühl, sie müßten den Kopf hochnehmen, um größer zu wirken, wogegen große Menschen oft nicht »überheblich« wirken wollen und sich deshalb »ducken«, wenn sie einem Menschen gegenüberstehen, der kleiner ist.

Wenn wir jemandem gerade in die Augen blicken wollen, wenn wir ehrlich sein wollen oder wenn wir unseren Standpunkt vertreten wollen, richten wir uns automatisch auf. In der geknickten Haltung ist dies nicht möglich, da wir ängstlich sind, wenn wir im Knick sind und aus dieser Haltung heraus kommunizieren. Aus dieser Haltung heraus »trauen« wir uns nicht so recht, wirklich zu uns selbst zu stehen. *Angst ist die Abwesenheit von Vertrauen.* Wenn ich mich minderwertig fühle, traue ich mich nicht, meinen Standpunkt zu vertreten. Wenn ich mich überlegen fühle, muß ich immer befürchten, meine Überlegenheit zu verlieren.

Die aufrechte Wirbelsäule bewirkt, daß unsere Lebensenergie in Fluß kommt. Wir fühlen uns körperlich und seelisch stärker. Im Aufrechtsein verschwindet die Angst vor imaginären Bedrohungen, die in unserer Vergangenheit wurzeln. Wir bekommen Mut, zu uns selbst zu stehen. Das ist Aufrichtigsein. Wir agieren und reagieren angemessen und realistisch in unserer persönlichen Eigenart. Diese Lebenshaltung ist der Schlüssel zu körperlicher und seelischer Gesundheit – dem wahren Heilsein. Unsere Einstellung zum Leben ist das, was wir »Ausstrahlung« nennen, welche wiederum den anderen einhüllt. Können wir jetzt nicht verstehen, warum wir von einer wohltuenden Ausstrahlung sprechen, wenn ein Mensch in Harmonie mit sich selbst ist?

Kapitel 3

HEIL-SEIN

»Oder wisset ihr nicht, daß euer Leib ein Tempel des Heiligen Atems ist, den ihr von Gott habt?«

(1. Korintherbrief, 6, 19–20)

»Großer Weißer Gott des geöffneten Himmels, der Bergeshöhen, der sich durch die Lande ziehenden lieblichen Täler; großer Geist der Liebe – reichliche Fülle hast Du Deinen Kindern beschert. Lehre uns, Deine Heilkraft zu empfangen, das Brot Deines Geistes ...«

(White Eagle:
Die Heilkraft Gottes)

Was bedeutet »Heilung?«

Gibt es einen Unterschied zwischen gesund sein und heil sein? Gesund zu sein bedeutet, daß sich unser Körper in Harmonie befindet, die Lebensenergie fließt und wir unsere Vitalität ungehindert in Kreativität umsetzen können. Gesundheit ist ein Zustand körperlichen Wohlbefindens. Wir fühlen uns stark und lebendig.

Körperliche Gesundheit muß aber noch nicht heißen, daß wir uns auch seelisch wohl fühlen und unsere Lebensenergie uns Lebensfreude bereitet. Oft ist unser Körper zwar *noch* gesund, das heißt, er hat noch keine Krankheitssymptome ausgebildet, unser inneres Wesen aber fühlt sich nicht wohl. Wir fühlen uns unzufrieden und haben Probleme, die uns belasten. Wir sind nicht ganz heil, weil wir nicht im seelischen Gleichgewicht sind. »... wie kannst du tanzen, wie kannst du lachen, wenn du voller Wunden bist? Und wie kannst du da Blüten aus deinem Sein hervorbringen? Mitgefühl, die Gegenwart des Meisters heilen sie sehr schnell. Und einen Menschen ohne Wunden kann man ganz nennen. Der heile Mensch ist der einzig heilige Mensch.« (52)

Heil zu sein bedeutet daher noch mehr, als gesund zu sein. Heilsein ist körperliche und seelische Harmonie zugleich, und daher beruht wirkliche und anhaltende körperliche Gesundheit immer auf einer heilen Seele.

Wann aber ist unsere Seele heil? Unsere Seele ist dann heil, wenn wir im Einklang mit unserem inneren Wesen sind und dieses Wesen uneingeschränkt nach außen hin zum Ausdruck bringen. Wenn wir so leben, wie es unserem Wesen gemäß ist, wenn wir so sind, wie wir gedacht sind, sind wir innerlich und äußerlich integriert. Wir sind heil und ganz. Wir können sagen, daß unser Körper heil wird, wenn wir gut mit ihm umgehen, unsere Seele hingegen wird heil durch die Liebe. Wir müssen unseren Körper materiell gut versorgen, indem wir ihm gute Nahrung und Kleidung geben. Unser inneres Wesen jedoch, dessen Herz unsere Seele ist, will durch die Liebe genährt werden. Nun können wir auch verstehen, warum Berührung und Mitgefühl so heilsam für uns sind.

Es ist immer die kosmische Lebensenergie, die uns heilen will. Wir kennen diese Lebensenergie als die Energie der Liebe. Wir drücken ein weinendes Kind an unser Herz, denn Heilung bedeutet, in Liebe berührt zu werden. Wenn wir uns in den Arm nehmen, berühren wir immer unser Herzzentrum. Wenn wir zärtlich gestreichelt werden, empfinden wir die Berührung als wohltuend, tröstend, stärkend und heilsam.

Unsere Haut ist das Kontaktorgan schlechthin. Wir können

das allein daran erkennen, wie unser Körper auf Stoffe reagiert, die sich auf der Haut angenehm anfühlen. Warum genießt das Baby sein Bad wohl so sehr? Wir empfinden es so wohltuend, im warmen Wasser zu liegen, weil uns das Wasser wie eine Liebkosung vollständig »umhüllt«. Unser ganzer Körper erfährt liebevolle und wohlige Berührung. Baden löst daher ein umfassendes und intensives Körpergefühl in uns aus. Ebenso verhält es sich, wenn wir gestreichelt werden. Körperliche Berührung ist für alle Menschen in gleichem Maße wichtig. Wir sollten daher nicht nur kleine Kinder »knuddeln«, sondern wir sollten uns alle liebevoll berühren, vor allem auch alte Menschen. Wenn wir Menschen umarmen, die älter sind als wir selbst, nehmen wir gleichzeitig unsere eigene Zukunft in den Arm! In der zärtlichen Berührung verbinden sich Heilung und Liebe, wodurch wir körperlich und geistig wieder in Kontakt mit unserer Seele kommen. Diese Verbindung ist eine Rückverbindung mit dem Göttlichen in uns.

Wahre Heilung hat immer mit Liebe zu tun, da wir durch liebevolle Berührung und Mitgefühl immer mit dem Göttlichen in uns in Verbindung kommen. Liebe ist der Ausdruck der göttlichen Energie in uns. Nur in Mitgefühl und Liebe können wir alten Schmerz und alte Wunden auflösen und uns mit neuen, positiven und heilsamen Inhalten füllen. Liebe schenkt uns das Vertrauen, in dem Wissen, daß heute der Rest unseres Lebens beginnt, das Vergangene als das zu akzeptieren, was es bisher in unserem Leben bewirkt hat. Vielleicht sind wir sogar dankbar für unsere Vergangenheit, weil sie uns bis zu dem Punkt geführt hat, wo wir durch Leiden erkennen und durch das Erkennen frei werden von alten Vorstellungen und Denkmustern? Könnte es nicht sein, daß wir genau die richtigen Eltern bekommen haben, die uns durch ihr Verhalten und die äußeren Umstände die Freude und das Leid zugefügt haben, aus denen wir heute unser inneres Potential an Lebenserfahrung für unsere Lebensaufgabe einsetzen können? Können wir uns nicht vorstellen, daß unsere körperlichen Schmerzen uns dorthin gebracht haben, unsere alte Haltung gegen eine neue einzutauschen, die uns völlig neue Erfahrungen bringen wird?

Wie schmerzvoll Ihr Leben bisher auch gewesen sein mag, es hat Sie immerhin bis zu dem Moment geführt, wo Sie diese Worte lesen! Sie sind vom Leben Ihrer wahren Heilung nähergebracht worden. Sie haben begonnen, sich von innen heraus zu heilen und nicht mehr mit äußerlichen Gegenmitteln an Ihren Symptomen herumzudoktern. An diesem Punkt, lieber Leser, hat Ihre Heilung bereits ihren Anfang genommen. In dem Moment, in dem Sie sich wirklich mit Ihrer Heilung beschäftigen, womit immer der seelische und körperliche Heilungsprozeß gemeint ist, haben Sie den Samen zum Heilsein in sich gesät. Jetzt gilt es, ihn zu hegen und zu pflegen, auf daß er in Ihnen zur vollsten und schönsten Blüte heranwachsen kann!

Wenn wir eine neue innere und äußere Haltung einnehmen und uns zu unserer wahren Größe aufrichten, geben wir unserem inneren Heiler Raum. Der innere und äußere Heilungsprozeß läuft mit dem Prozeß unseres Aufrichtens und der Wahrnehmung unseres Körpers parallel, weil wir uns öffnen für die heilsame Energie der Liebe und uns damit wieder mit dem Göttlichen verbinden und verbünden! Heilung geschieht immer nur durch Liebe!

Wenn wir uns körperlich und seelisch aufrichten, nehmen wir eine neue Lebenshaltung ein. Wir machen ganz andere Lebenserfahrungen als in unserer geknickten Körperhaltung. Unser Körper muß uns nicht mehr durch Schmerzen signalisieren, daß wir uns in eine Haltung hineingezwängt haben, in der wir nicht wir selbst sein können. Wenn wir lernen, uns aus jedem Knick wieder aufzurichten, so daß die Lebensenergie in uns immer im Fluß bleibt, brauchen wir viele Krankheiten und Beschwerden nicht mehr. Wir lernen, uns selbst immer wieder ins rechte Lot zu bringen, wodurch wir es unserem Körper ersparen, sich durch Krankheit gegen die für unser Wohlbefinden nachteilige Haltung zur Wehr setzen zu müssen.

Wir sind als Menschen im selben Maße dem Auf und Ab

des Lebens ausgesetzt wie die Bäume der Witterung. Manchmal ist es ruhig, warm und sonnig, dann wieder stürmisch, kalt und regnerisch. Die äußere Bewegung des Lebens zeigt sich im Menschen in seiner inneren Bewegtheit. Jede Berührung von außen berührt uns auch innerlich. Unser inneres Wesen ist so angelegt, daß uns das Leben nie mehr zumutet, als wir verkraften können. Wenn wir nun so schwer von einem Schicksalsschlag getroffen werden, daß wir glauben, daran zu zerbrechen, sollten wir darauf vertrauen, daß diese Aufgabe, so schmerzlich sie auch sein mag, von uns bewältigt werden kann! Jeder Schlag, den uns das Leben versetzt, will uns mehr in Verbindung mit Mitgefühl und Liebe bringen. Jeder Knick, den uns das Leben beibringt und aus dem wir uns wieder »erheben«, stärkt unser Vertrauen in unsere eigene Aufrichtekraft. Was auch immer wir gerade durchstehen, es bringt uns ein Stück näher zu uns selbst – zu unserer Ganzheit und All-Verbundenheit.

Je mehr wir uns mit unserer Aufrichtekraft verbunden haben, die uns immer wieder hochzieht, um so weniger kann uns ein trauriges Erlebnis so »hinunterziehen«, daß wir in unserem Knick hängenbleiben. Wir können uns wieder ins Gleichgewicht bringen, also das, was uns hinabzieht, durch die Aufrichtekraft ausgleichen. Wir ver»fallen« nicht mehr in tiefe Depression, sondern durchleben sie, um uns mehr und mehr aufzurichten.

Auf körperlicher Ebene bedeutet dies, daß unser Körper zwar durch unsere seelische Bewegung immer wieder schwächenden Einflüssen ausgesetzt sein kann, doch diese Einflüsse sind vorübergehend und können wieder ausgeglichen werden. Der seelische Schmerz braucht sich nicht körperlich zu manifestieren. Unser Immunsystem ist durch die aufrechte Körperhaltung so stark, daß es schwächende Einflüsse viel besser unter Kontrolle bringen kann. Wenn wir uns aufrichten, stärken wir sofort unsere Thymusdrüse, was unserem gesamten Immunsystem zuträglich ist.

Durch eine aufrechte Körperhaltung verbünden wir uns mit

unserem inneren Heiler und schaffen daher die Bedingungen für wahre Heilung, die immer nur »Selbst-Heilung« ist, weil sie von innen – aus der göttlichen Quelle in uns selbst – entsteht.

Heil und heilig

Je mehr wir unseren Körper bereitmachen, die Lebensenergie aufzunehmen und durch uns wirken zu lassen, desto mehr sind wir von dieser »Lichtkraft« erfüllt. Durch unser eigenes Aufrichten streben wir dieser Kraft entgegen und sind bereit, sie zu empfangen. Je mehr wir uns aufrichten, um so stärker kann uns die göttliche Energie durchdringen, und in dem Maße, in dem wir von Lebensenergie durchdrungen sind, werden wir heil.

Unser Heil-Sein strahlt aus unserem Körper aus. Wir strahlen die Energie aus, von der wir durchdrungen sind, weil sie durch uns und unser Handeln wirkt und auf andere ausstrahlt. Ein Mensch, der heil ist, ist von Lichtkraft oder Lebensenergie erfüllt. So können wir die Worte »Du bist das Licht der Welt« verstehen. Als Menschen ist es uns zugedacht, ein Träger des Lichts zu werden und die Lichtkraft durch uns auf der Erde wirksam werden zu lassen. Das ist die Wahrheit unseres inneren Wesens. »Im Neuen Zeitalter hat jeder von uns die Möglichkeit, diese Wahrheit durch ein erweitertes Bewußtsein zu begreifen und danach zu handeln. Wenn wir uns dessen bewußt sind, daß wir Licht sind, können wir auch nur bedingungslose Liebe, Brüderlichkeit, Licht und guten Willen auf andere Mitwesen ausstrahlen«, schreibt Barbara Ray in ihrem Buch über Reiki. »Reiki ist Lichtenergie einer höheren, weniger dichten Schwingung als der von Körper, Emotionen und Intellekt. Mit Reiki wird diese Lichtenergie in uns aktiviert. Wenn wir die Reiki-Technik anwenden, wenden wir tatsächlich Lichtenergie auf unser ganzes Sein an, und Heilung, Ganzheit und Verwandlung geschehen ganz von selbst als natürlicher Teil dieses Prozesses ... Energie ist Licht. Erleuchtung im wahrsten Sinne des Wortes bedeutet, von Licht erfüllt zu sein und die Dinge in einem neuen Licht zu sehen.« (53)

Vielleicht können wir aus dieser Sicht den Symbolgehalt erkennen, der sich in der Darstellung des sogenannten »Heiligenscheins« verbirgt. Warum werden Engel immer von einem Strahlenkranz aus Licht umhüllt dargestellt? Ist es nicht auch Lichtenergie, die Menschen und Wesen ausstrahlen, die wir als »Heilige« bezeichnen? Leuchtet es nun nicht auch ein, warum Menschen, die heilig sind, immer auch über ganz besondere Heilkräfte verfügen? Das Licht, das sie ausstrahlen, fließt in andere Menschen ein und bewirkt Heilung.

«Weißt du, daß die Lebenskraft, die aus dem Licht stammt und durch deine Adern pulst, das Geheimnis der vollkommenen Gesundheit ist? In der Tat, ein Mangel an Licht heißt, es fehlt an gewissen Elementen im Blut, was allmählich zur Erkrankung und zum Zusammenbruch führt. Jesus kannte dieses Geheimnis. Er wußte, wie die göttliche Strahlkraft empfangen werden kann. Er mußte nicht einmal den Körper eines kranken Menschen berühren, um Licht in dessen Leib zu senden, denn er hatte die Begrenzung von Zeit und Raum überwunden. Als der römische Hauptmann zu Jesus kam und um Heilung für seinen Knecht bat, hatte Jesus bereits seine Aura erweitert und den kranken Mann geheilt, indem er ihn mit der Schwingung des Lichtes durchdrang. Anders gesagt, er sandte Licht in das Dunkel und löste die Dunkelheit auf. – Die eigentliche Erscheinungsform Gottes ist Licht. Und dieses Licht ist Träger des physischen Lebens im Körper des Menschen und verleiht seiner Seele ewiges Leben. Deshalb ist der wahre Sinn des Lebens, das Licht zu entdecken und sich seiner zu bedienen und so zu einer Sonne oder zu einem Sohn Gottes zu werden ...« (54) wird uns durch White Eagle übermittelt. Alles, was wir ausstrahlen, wirkt auf andere Menschen ein – es steckt an!

«Ein Leben voll Schönheit und Harmonie ist eine Freude zu sehen; es strahlt Gesetzmäßigkeit und Ordnung aus, vollkommenen Rhythmus und Harmonie. Ein echtes Kunstwerk, was immer es ist, muß ausgewogen sein, anmutig, harmonisch und vollkommen. Eine schöne Seele spiegelt diese Eigenschaften für alle sichtbar wider. Habe ich Dir nicht oft genug gesagt, daß alles, was innen ist, nach außen strahlt? Wenn innen Chaos und Verwirrung herrschen, spiegeln sie sich nach außen in einem chaotischen und wirren Leben wider und können nicht verborgen bleiben. Wenn aber in Dir Frieden, Harmonie, Schönheit und Liebe wohnen, werden Dein Leben und Deine Erscheinung sie außen widerspiegeln.« (55)

Alles, was wir nach außen hin ausstrahlen, ruft eine Wirkung hervor, ebenso wie wir von allem »be-einflußt« werden, wie alles in uns einfließt, was uns im Leben berührt. Diese Wechselwirkung nennen wir das »Ansteckungsphänomen«. Alles, was uns umgibt, steckt uns an, und zwar mit dem, was es ausstrahlt.

Jeder von uns weiß, daß Lachen ansteckend wirkt. Wer hat noch nicht erlebt, daß einer in der Gruppe zu lachen anfängt, und plötzlich lacht die ganze Gruppe aus vollem Halse. Auch der Erfinder des bekannten »Lachsacks«, mit dem wir in der Schule so gerne unsere Streiche spielten, wußte um dieses Phänomen.

Doch nicht nur beim Lachen findet diese Ansteckung statt, alle Dinge in unserer Umgebung, jede Geste, jeder Gesichtsausdruck, den wir wahrnehmen, löst etwas in unserem Inneren aus. Unser Verhalten wirkt ebenso ansteckend wie unsere Körperhaltung. »Du bist die Haltung, die du einnimmst«, heißt also: »So wirst du von anderen wahrgenommen.«

Was fließt von uns auf andere ein, wenn wir aufrecht sind? Wenn wir uns aufrichten, stecken wir andere Menschen an, sich ebenfalls aufzurichten. Wir ziehen den anderen Menschen mit empor! Und das dürfen Sie wörtlich nehmen!

Wenn Sie selbst aufrecht sind, stecken Sie immer an. Setzen Sie sich einmal jemandem gegenüber, und seien Sie dabei aufrecht (nicht überheblich). Ihr Gegenüber kann gar nicht anders, als sich auch aufzurichten, gleichgültig, in welcher Situation. Sie stärken den anderen, indem er durch ihr Aufrecht-Sein selbst den Impuls zum Aufrichten bekommt. Können Sie sich nun vorstellen, daß Sie der Schöpfer Ihrer Umwelt sind, je nachdem, was Sie selbst ausstrahlen?

Was aber geschieht, wenn Sie andere durch Ihr Aufrecht-Sein anstecken? Der andere bekommt eine positive Vision übermittelt, daß er sich selbst aufrichten kann! Der Eindruck, den er durch Ihre Haltung in seinem Gehirn speichert, wirkt wie ein Lichtfunke, der ihm eine neue Perspektive eröffnet. Was, glauben Sie, wird Ihnen dieser Mensch spiegeln, wenn Sie ihn angesteckt haben? Nun, er wird das ausstrahlen, was Sie in ihm entzündet haben, und genau damit steckt er wiederum Sie an! Auf diese Weise liegt es in Ihrer Hand, wovon Sie sich anstecken lassen wollen – durch das, wie Sie andere anstecken!

Wir können die Welt verändern, indem wir selbst eine neue Haltung einnehmen und immer mehr Licht ausstrahlen! Wir sollten uns immer mit Dingen umgeben, die uns aufrichten, damit immer mehr Licht in uns und damit in die Welt einfließen kann, »denn du kannst dir Erleuchtung nicht vorstellen. Aber in der Gegenwart eines Erleuchteten wirst du angesteckt. Etwas wird von einem Herzen zum anderen weitergegeben. Etwas dringt in dich ein: Ohne zu ahnen, was Erleuchtung ist, bewegst du dich darauf zu, fast wie ein Magnet.« (56)

Eröffnet uns dies nicht auch ganz neue Perspektiven in bezug auf unsere zwischenmenschlichen Beziehungen?

Jeder Partner, den wir uns suchen, ist, ebenso wie unsere Eltern, Geschwister, Freunde, Kollegen oder Vorgesetzten, ein Lehrer, den wir uns in der Schule unseres Lebens gewählt haben, um eine ganz bestimmte Aufgabe zu lernen. Alle Beziehungsprobleme lassen sich darauf zurückführen, daß wir durch sie genau die Erfahrungen machen können, durch die wir lernen, um zu wachsen und mehr Mitgefühl und Liebe in uns zu entwickeln.

Wenn wir mit unserem Partner Probleme haben und unglücklich sind, neigen wir leicht dazu zu glauben, daß wir den falschen Partner haben. Doch das Gegenteil ist der Fall. Wir gehen eine Beziehung immer mit dem Menschen ein, der im Augenblick genau der richtige für uns ist. Nur er kann uns dazu verhelfen, die Aufgabe zu meistern, die wir uns in unserem Wachstumsprozeß gerade gestellt haben. Über diese Tatsache sollten wir uns klarwerden, wenn wir daran denken, unseren Partner zu verlassen, nur weil wir glauben, er habe schuld an unserem Unglück. Wenn wir unsere Aufgabe noch nicht gelernt haben, werden wir immer wieder denselben Partner bekommen – auch wenn der nächste Partner vielleicht eine andere Haarfarbe, andere Augen oder einen anderen Beruf hat!

In der Psychologie kennen wir dafür den Begriff »Wiederholungszwang«. Wir wiederholen in einer Beziehung dasselbe Muster so oft, bis wir verstanden haben, welche Lernaufgabe in dieser Partnerschaft für uns steckt. Erst wenn diese Aufgabe bewältigt ist, können wir uns einer anderen Aufgabe zuwenden, sei es mit dem gleichen oder mit einem neuen Partner. Wenn wir versuchen, vor unserer Lernaufgabe davonzulaufen, schickt uns das Leben in seiner Güte diese Lektion hinterher, indem wir sie bei einem anderen Partner erneut bekommen.

Wenn wir sehr problematische Beziehungen haben, fällt es uns oft sehr schwer, die Aufgabe, die wir uns selbst gesucht haben, zu erkennen. Der erste Schritt, der uns zur Lösung und Bewältigung dieser Lektion verhilft, besteht darin, unseren Partner voll und ganz zu akzeptieren, so schwer dies vielleicht im Augenblick auch scheinen mag. Wir sollten immer daran denken, daß wir diesen Menschen einmal geliebt haben, auch wenn wir dies im Augenblick nicht fühlen können. Wenn wir uns einmal überlegen, daß uns unser Partner ja in einer ganz bestimmten Weise behandeln muß, damit wir unsere Aufgabe meistern können, sind wir mehr und mehr fähig, ihm zu verzeihen.

Probleme, die zwei Menschen in ihrer Beziehung miteinander haben, wurzeln oft in einer ungelösten Situation aus einem vergangenen Leben. Wenn wir darüber etwas länger nachdenken, wird uns klar, wieviel Liebe zwei Menschen füreinander empfinden müssen, wenn sie sich bereit erklären, sich noch einmal dafür zur Verfügung zu stellen, ihre Problematik in diesem Leben zu lösen! Jeder Mensch, der bereit ist, mit uns durch eine Lernaufgabe zu gehen, wie schwer auch immer sie sein mag, liebt uns in seinem inneren Wesen, auch wenn es nach außen hin ganz anders scheint. Ein Mensch, der keine Liebe für uns empfindet, verläßt uns in dem Augenblick, wo Schwierigkeiten auftauchen. Wir sind ihm gleichgültig, und sein inneres Wesen hat kein Interesse, uns für unser Wachstum zur Verfügung zu stehen.

Wenn wir uns selbst annehmen können, so wie wir sind, können wir auch unseren Partner akzeptieren. Wir können ihn als den Helfer sehen, den uns das Leben für unser Wachstum geschickt hat. Vielleicht können wir dann verstehen, warum wir ihn so sehen müssen, wie wir es aus unserer augenblicklichen Haltung heraus tun? Es ist immer unser Blickwinkel, aus dem wir einen anderen Menschen betrachten! Es liegt daher auch an uns, ob wir den ersten Schritt tun wollen, eine andere Haltung einzunehmen.

Wir dürfen unserem Partner gegenüber immer aufrichtig sein, indem wir ihm sagen, wie wir uns fühlen und was sein Verhalten in uns bewirkt. Wenn wir ihn aber kritisieren und ihm Schuld zuweisen, tun wir dies aus unserem »geknickten« Blickwinkel, und er kann unsere Kritik nicht akzeptieren. Wenn wir ihm Vorwürfe machen, anstatt mitzuteilen, wie wir uns innerlich fühlen, kann er nicht mitfühlen. Wir »knicken« ihn, und er kann wiederum nur aus seinem Geknicktsein heraus reagieren.

Je mehr wir bereit sind, die Aufgaben anzunehmen, die uns das Leben schickt, um so schneller kann das Leben die Lektionen für uns als erledigt »abhaken«. Was uns das Leben so schwer macht, ist nur unser Widerstand, daß wir das, was ist, nicht annehmen wollen und dagegen kämpfen. Wenn wir in unserem Partner den Menschen erkennen, der im Augenblick genau der Richtige für uns ist, so wie wir für ihn, können wir ihn aus einer neuen Perspektive betrachten. Wir können in ihm die Vollkommenheit erkennen und mit seinem inneren Wesen in Kontakt treten, so daß auch er den Schritt in Richtung auf die Entfaltung seiner Vollkommenheit tun kann. Durch unsere Vision kann sich unser Partner an sein eigenes Wesen »erinnern«.

Warum ärgern wir uns in unseren Beziehungen? Ärger ist immer Enttäuschung über eine Erwartung, die nicht erfüllt wurde. Da eine Erwartung oft eine Täuschung ist, muß »Ent-Täuschung« auf sie folgen! Wenn wir uns einmal entscheiden, nicht immer nur zu reagieren und in einer Enttäuschung aus nichterfüllter Erwartung hängenzubleiben, sind wir endlich selbst der Schöpfer der Stimmung, die wir um uns schaffen. So wie sich der andere in mir erkennt, spiegele ich mich in ihm zurück. Wenn wir unseren Partner kleinmachen, kann er nicht anders reagieren, als uns auch kleinzumachen. Wenn wir aber an seine Fähigkeiten glauben, muß er vor uns sein Licht nicht mehr »unter den Scheffel stellen«. Vielleicht sind wir dann der einzige Mensch, bei dem er sich im Augenblick so zeigen kann, wie er in Wirklichkeit ist.

Wenn wir aufrichtig sind, brauchen wir dem anderen nicht immer die Schuld zu geben, weil wir nicht das bekommen haben, was wir brauchen. Wir bleiben uns immer nur selbst etwas »schuldig«, wenn wir unsere Bedürfnisse nicht aufrichtig mitteilen. Aufrichtigkeit bedeutet, daß wir selbst agieren, anstatt immer nur zu reagieren. Alta-Major führt uns dahin, in unsere Mitte zu kommen, so daß wir erkennen können, ob wir unseren Partner nur behalten, weil wir ihn brauchen, oder ob wir unsere Lernaufgabe mit ihm bereits erledigt haben und uns nun einer neuen Aufgabe zuwenden sollen.

In jeder Partnerschaft sind Engagement und Interesse vorhanden, die sich in Liebe verwandeln möchten. Wir brauchen einen Partner, um uns geliebt zu fühlen. Unser Partner kann uns aber nur lieben, wenn wir uns selbst angenommen haben. Solange wir uns selbst ablehnen, können wir niemals Liebe erwarten. Was wir als Liebe bezeichnen, ist sehr oft nichts anderes als »Brauchen«. Unser Partner soll etwas ausfüllen, was wir uns selbst noch nicht geben können.

Partnerschaft ist dazu gedacht, sich selbst wahrzunehmen und anzuerkennen, so wie wir unseren Partner annehmen als Spiegel, um uns selbst zu begegnen. Je mehr wir uns selbst begegnen, uns annehmen und in unserem »Hier-und-Jetzt-und-So-Sein« lieben, um so mehr können wir aus diesem Überfluß der Liebe heraus unseren Partner lieben. Liebe zu uns selbst entsteht aus der Dankbarkeit uns und unserem Leben gegenüber. Sie beginnt mit dem ersten Sonnenstrahl, der uns begegnet, mit dem Frühstückstisch, den wir liebevoll für uns dekken, mit der Kleidung, die wir in Liebe zu uns aussuchen, und der Rose, die wir uns in Dankbarkeit für uns und unser Leben schenken. Liebe bedeutet, daß wir den anderen nicht aus Mangel an Liebe zu uns und unserem Leben brauchen, sondern daß wir aus dem Überfluß an Liebe, Dankbarkeit und Lebensfreude glücklich sind, einen Boden für unsere Liebe gefunden zu haben. Haben wir schon einmal daran gedacht, daß wir dankbar sein können, daß es jemanden gibt, der unsere Liebe annimmt? Erst wenn wir Liebe zu uns und der ganzen Schöpfung ausstrahlen, ist das, was zurückkommt, Liebe. Beide verbinden sich und schaffen gemeinsam etwas Neues – die gegenseitige Liebe, die gemeinsam auf dem Weg zur Quelle ist, auf dem Weg zur Lichtkraft des Lebens selbst, damit diese sich durch uns offenbare, die Liebe, die gemeinsam in allem, was lebt, dieses Göttliche sucht! So sollte jede Partnerschaft eine Bereicherung aus dem Überfluß an Liebe sein.

Liebe ist unsere Verbindung mit dem Göttlichen – unsere Rückverbindung zu unserem wahren Wesen. Können wir jetzt verstehen, daß die Liebe zwischen zwei Menschen die Stufe ist, die uns zu dieser Erkenntnis führen will? Wir brauchen einen Partner, um uns selbst wahrnehmen zu können. Wir brauchen einen Spiegel, um unser Wesen zu erkennen. Liebe ist die Brücke zu Gott. Jeder Mensch, den wir lieben, hilft uns, unsere Brücke zu bauen!

Sie können heute damit beginnen, Ihren Partner durch Ihre eigene Haltung anzustecken! Kaufen Sie ihm eine Rose, die er dort hinstellt, wo er sich die meiste Zeit aufhält. Wenn die Rose verwelkt ist, erneuern Sie sie, als Zeichen dafür, daß sich ihre Liebe immer wieder erneuert und – wie jede neue Rose – immer wieder anders aussieht. Bedanken Sie sich bei Ihrem Partner, daß Sie bei ihm Ihre Emotionen leben dürfen und daß er Ihnen als Spiegel dient, und geben Sie dem Leben damit die Möglichkeit, Wunder zu vollbringen! Sie selbst bestimmen, was sie auslösen in dem ewigen Wechselspiel des Lebens. Danken Sie Ihrem Haustier, Ihrem Garten, Ihrer Wohnung, Ihrem Körper, daß Sie durch sie lernen dürfen, Mitgefühl, Geduld, Achtung und alles, was Stufen auf dem Weg zu Liebe sind, zu entwickeln.

Liebe zu uns selbst entsteht dann, wenn wir das Gefühl haben, daß uns die Schöpfung und die göttliche Kraft liebt. Wir sind aus dieser Kraft entstanden, und damit sind wir ein Teil von ihr. Wir verwirklichen sie durch uns, indem wir uns lieben und annehmen. Wenn wir das Leben lieben, werden wir auch vom Leben geliebt. Der einzige Sinn und das einzige Ziel unseres Lebens bestehen darin, zu leben, um zu lieben!

Singen Sie jeden Morgen dreimal »Happy Birthday« für sich selbst. Singen Sie laut Ihren Namen: »Happy Birthday, liebe/r ...« Verstehen Sie, es geht um eine »Love affair« mit

Ihnen selbst! Es ist so wichtig, daß Sie die Liebe zu sich selbst finden: Sie selbst sind der Mensch, der Sie vom ersten bis zum letzten Atemzug begleitet, der jeden Tag mit Ihnen lebt, und wie sollte Sie jemand wirklich lieben, wenn Sie sich selbst nicht lieben? Der andere, und gerade der, den Sie mögen, wird doch keinen schlechteren Geschmack haben als Sie selbst? Erfahren Sie durch sich selbst, wie »liebenswert« Sie sind, damit andere spüren, daß Sie es wert sind, geliebt zu werden!

Wir haben die Freiheit, in unserer Vorstellung unseren Partner positiv zu sehen, so daß uns seine Spiegelung wiederum selbst aufrichtet. Warum sollten wir nicht die Reflexe in unserem Körper benutzen, die uns fröhlich machen? Warum sollten wir uns nicht positiv anstecken? Mögen uns die Worte von Vivekananda in diesem Sinne anstecken:

«Bringe Licht, und das Übel verschwindet in einem Augenblick. Baue deinen Charakter auf, und offenbare deine wahre Natur, die strahlende, die glänzende, die ewig-reine, und erwecke sie in jedem, dem du begegnest.«

Dies allein ist Sinn und Ziel all unserer menschlichen Begegnungen: Wir wollen an ihnen wachsen, um uns in eine neue Haltung zu wandeln!

Metamorphosen

Mit diesem Kapitel wollen wir den Kreis schließen, indem wir zu unseren Wurzeln zurückkehren. Wie eine Raupe, die sich in einen Schmetterling verwandelt, vollziehen wir eine Umgestaltung unserer inneren und äußeren Haltung, woraus sich unser Wesen entpuppt. Jeder Wandlung geht ein Entwicklungsprozeß voraus, den wir auf den Menschen bezogen als den alchemistischen Prozeß der Vergeistigung des Körpers bezeichnen können. Dies ist die Metamorphose des Menschen, die Wandlung zu Bewußt-Sein.

Metamorphose heißt Verwandlung, »Umgestaltung einer Form«. Unser Leben ist ein einziger Weg der Wandlung, der bei unserer Geburt beginnt und über unseren Tod hinaus in den unendlichen Kreislauf der Schöpfung mündet, um sich wieder in eine neue Form zu wandeln. »Leben ist ein Faktor, der alles durchdringt und doch über alles hinausgeht. Es ist und handelt als eine Kraft in der Materie, und diese Kraft nennen wir die Lebenskraft. Leben ist Schöpfung, und aus Schöpfung entsteht Bewegung, diese Bewegung ist Wandlung, und es ist die Lebenskraft, die diese Wandlung in den vielen unterschiedlichen Zyklen von Dasein trägt, sei es ein Baum, ein Planet oder ein menschliches Wesen«, (57) lesen wir in Gaston Saint-Pierre und Debbie Boaters Buch »Die Metamorphische Methode«.

Der Begründer der Metamorphischen Methode, Robert St. John, der sich in jahrelanger Heilpraxis mit den Reflexzonen der Füße beschäftigte, fand heraus, daß in den Füßen nicht nur der ganze Körper widergespiegelt ist, sondern auch das karmische Erfahrungsmuster und Lernprogramm eines Menschen, das in der vorgeburtlichen (pränatalen) Phase geprägt wird. Dazu schreibt er: »In dem Teil der Füße, der mit der Wirbelsäule korrespondiert, findet sich auch eine Entsprechung der pränatalen Zeitperiode ... Das Muster der vorgeburtlichen Ereignisse und Einflüsse ist in der Knochenstruktur und insbesondere in der Wirbelsäule, die das Zentrum der Knochenstruktur darstellt, gespeichert. Von diesem Zentrum aus strahlt das gespeicherte pränatale Muster in verschiedener Weise und unter verschiedenen Umständen die Störungszustände aus, die von der ursprünglichen Belastung hervorgerufen wurden. Es ist nicht wichtig, welcher Art diese ursprüngliche Belastung war. Wichtig ist, daß ein Element des Bewußtseins des Betreffenden den Vorfall aufgegriffen und sich damit mit der entsprechenden Zeit assoziiert hat und daß er nun versucht, dieses Leben zu leben, während ein Teil seines Bewußtseins sich in einem anderen Zeitbereich befindet.« (58)

Was hat Alta-Major damit zu tun? Wie wir wissen, setzt Alta-Major an der Wirbelsäule als dem Zentrum unseres physischen Seins und dem Kanal für unsere Lebensenergie an. Durch die Arbeit von Robert St. John können wir die Parallelität der Wirbelsäule zum Fuß und den verschiedenen Stadien vor der Geburt mit all ihren Querverbindungen erkennen. Diese Parallelität zeigt sich auf der ganzen Linie: Von der Seite gesehen entspricht die Wirbelsäule dem Knochengerüst des Fußes von Kopf/Zehen (= Zeitlinie der Empfängnis) bis Steißbein/Fersenbein (= Zeitlinie der Geburt). Wie Dr. Frédérick Léboyer in seinem Buch »Der sanfte Weg ins Leben« schreibt, hält die Wirbelsäule jede Erfahrung an unsere vorgeburtliche Zeit gespeichert. »Durch die Wirbelsäule sind wir in ununterbrochener Berührung mit den Gebärmutterwänden und mit jeder Bewegung unserer Mutter verbunden.« (59) Daher finden wir das Pränatalmuster in den Wirbelsäulen-Reflexpunkten in den Füßen wieder. Durch Berührung dieser Reflexpunkte können diese vorgeburtlichen Muster wieder abgerufen und Energieblockierungen aufgelockert und gelöst werden. Dieser Prozeß findet jedoch nicht auf der intellektuellen Ebene statt. Wir können uns vorstellen, daß bei diesem Vorgang eine Kommunikation in der Sprache unseres Körpers stattfindet, welche über unsere »Körperintelligenz« verarbeitet und verstanden wird.

Der Empfängnispunkt der Vorgeburtsphase befindet sich in gleicher Höhe wie das Alta-Major-Zentrum der Wirbelsäule. Durch das Alta-Major-Zentrum fließt die Lebensenergie in unseren Körper ein, und wir werden zu einem »Empfänger für Licht und Wahrheit«. Wenn das Alta-Major-Zentrum geöffnet ist, wird der Mensch zu einem »Kanal« und »Umwandler« der göttlichen Energie. Dieser Zusammenhang eröffnet uns, warum Alta-Major einen Umwandlungsprozeß bewirkt, der auf der tiefsten Ebene unseres Wesens stattfindet.

Was bedeutet Empfängnis, wenn wir von dem rein biologischen Vorgang der Vereinigung einer Samenzelle mit der Eizelle einmal absehen? Dazu schreibt Robert St. John: »Die Empfängnis bringt das Vorhandene in die Materie. ... Die Empfängnis ist nicht der Zeitpunkt, an dem irgendein bestimmter Bewußtseinszustand oder irgendein physisches Muster geschaffen wird. Sie ist nur ein Augenblick der Manifestation, wie die Geburt.« (60)

Bei der Empfängnis manifestiert sich, welche Körperstruktur und welche Lebensumstände (Elternhaus, soziale Umstände ...) wir gewählt haben, um uns in dieser Verkörperung in Richtung auf die Vollkommenheit unseres Wesens entwikkeln zu können. Der Reflexpunkt für Kopf und Gehirn befindet sich auf der Linie am Fuß im Bereich der Vor-Empfängnis. Dies bedeutet, daß alles Wissen in uns bereits vorhanden ist, aus dem wir unsere Verkörperung am Empfängnispunkt gezielt suchen. Alles, was wir vom Zeitpunkt der Empfängnis an erleben, ist vorher bereits nach einem ganz bestimmten Plan angelegt.

Dies dürfen wir jedoch nicht mißverstehen, indem wir unser Leben als bereits vorher festgelegtes Schicksal betrachten. Wir wählen uns freiwillig unsere Lebenssituation, in der wir die Freiheit haben, das zu lernen, was wir uns vorgenommen haben, oder unsere Lektionen noch ein wenig hinauszuschieben. Wir können uns frei entscheiden, ob wir unsere Lernaufgaben schnell erledigen wollen oder ob wir uns Zeit lassen wollen. Es liegt immer in unserer Hand, was wir aus einer gegebenen Situation machen! Doch dafür müssen wir sie zunächst einmal als unseren Ist-Zustand akzeptieren, um zu begreifen, worum es in dieser Erfahrung eigentlich geht. Wenn wir dies auf unsere Körperhaltung und die Knicks in unserer Wirbelsäule übertragen, leuchtet es ein, warum die Knicks der Ausdruck unseres Karmas sind.

Wenn wir unsere Wirbelsäule behandeln, hat dies reflektorische Wirkung auf die Wirbelsäulen-Reflexpunkte in unseren Füßen und umgekehrt. Alta-Major bedient sich dieses reflektorischen Wechselspiels zwischen Füßen und Wirbelsäule und geht noch einen entscheidenden Schritt weiter: Alta-Major arbeitet mit der Bewußtmachung der Wirbelsäule und der Knicks. Dadurch findet nicht nur auf körperlicher Ebene Heilung statt, die durch Berührung zu einer Bewußtwerdung der betreffenden Körperstelle im Gehirn führt, sondern wir arbeiten direkt an unserem Bewußtsein. Uns unsere Knicks in der Wirbelsäule wieder bewußt machen heißt die Stelle im Gehirn wieder aufrufen, wo der Knick gleichsam »gespeichert« ist. Gleichzeitig setzen wir den Impuls zum Aufrichten, wodurch wir das Alta-Major-Zentrum öffnen. Wir bringen unseren Körper durch unsere aufrechte Haltung in eine neue Form, in der er ein Gefäß für eine neue Energie werden kann. Die Energie, die wir in dieser Haltung ausstrahlen, ist die *»Alta-Major-Energie«*.

Alta-Major-Energie ist die Energie, die einen völlig aufrechten Menschen umgibt. Die Energie, die uns mit emporzieht, wenn wir von einem aufrechten Menschen angesteckt werden. Die Energie, die durch uns wirksam wird, wenn wir uns bewußt aufrichten und andere anstecken und hochziehen. Die Energie, die eine Umwandlung bewirkt, indem sich durch unsere Verbindung mit dem Göttlichen unser eigenes göttliches Wesen entfaltet. Alta-Major-Energie ist die Energie der Auferstehung: Wenn wir uns von unserem »Kreuz« befreien und im wahrsten Sinne des Wortes zu unserem wahren Wesen »auferstehen«. Die Energie, die auf uns überspringt, wenn wir eine aufrechte Rose in ihrer vollsten Blüte betrachten.

Jesus hat uns den Weg der Wandlung zum Aufrechtsein gewiesen. Wir befinden uns jetzt an dem Punkt, wo wir diese Wandlung an uns körperlich-geistig vollziehen können – die Metamorphose unseres Bewußtseins hin zu BEWUSST-SEIN!

SCHLUSS

Die Saat geht auf

Der Kreis schließt sich: Wurzel und Krone werden eins! Wir haben gesehen, daß wir, um unser Bewußt-Sein zu entfalten, zurück zu unseren Füßen kommen müssen. Nur der Baum, der fest in der Erde verwurzelt ist, kann eine mächtige Krone bilden.

Durch das Aufrichten hat der Mensch die Erde verlassen: Er steht nur noch mit den Füßen auf der Erde. Durch die senkrechte Achse, die seine Wirbelsäule zwischen Himmel und Erde bildet, wird er aus zwei Quellen genährt, von der Lebenskraft der Erde unter ihm und der göttlichen Energie des Himmels über ihm.

Wir sind wie ein Samenkorn, das durch die Nahrung der Erde aufkeimt und einen Sproß hervorbringt. Dieser Sproß drängt unbeirrbar nach oben, dem Licht entgegen. Sobald er einmal durch die Erdschicht durchgebrochen ist ans Licht, beginnt seine Entfaltung: Nun nährt ihn auch das Licht. Er bringt Blätter und Blüten hervor, vielleicht trägt er sogar einmal Früchte. Und die Blüten und Früchte sind es, die wiederum in diesem Licht den Samen ausbilden, welcher sich in die Erde senkt. Und hier sind wir nicht am Ende, sondern wieder ganz am Anfang!

Zum Abschluß noch eine kleine Parabel: Eine Walnuß fällt auf die Erde. Sie trägt alles Wissen über den Walnußbaum, von dem sie herabgefallen ist, in sich. Sie hat den Frühling, Sommer und Herbst mit ihm erlebt. Vom Herbstwind wurde sie von ihrem Zweig abgeschüttelt und fiel zu Boden. Von Schnee bedeckt überwinterte sie und senkte sich immer tiefer in die Erde, bis sie anfing, Wurzeln zu schlagen.

Die Walnuß weiß um die Wurzeln, die aus ihr entspringen, und auch um die Erde, die sie ringsum einhüllt und aus der sie ihre Kraft bezieht. Aber da ist noch etwas, das aus ihr wächst: ein Trieb, der nach oben drängt. Aber darüber weiß sie nichts mehr. Unsere kleine Walnuß hat sich in ihren Wurzeln aufgelöst. Aber irgend etwas läßt ihr von oben Kraft zufließen, so daß ihre Wurzeln stärker und stärker werden.

Wir können den Walnußbaum nur als das erkennen, was wir über der Erde sehen. Er hat aber ein Doppel in seinen Wurzeln tief in der Erde, die den gleichen Umfang haben wie seine Krone. Von den Wurzeln aus betrachtet, könnten wir den überirdischen Walnußbaum als »Überkörper« bezeichnen.

Wir Menschen, die sich von der Erde lösen durften, um sich auf ihr zu bewegen, haben ein neues Medium bekommen, um unseren »Überkörper« zu entwickeln. Im Gegensatz zu unserem Walnußbaum kennen wir nur die Luft. Unsere Wurzeln sind »überirdisch«. Doch auch für uns scheint es noch einen anderen »Stoff« zu geben, in dem sich unser Trieb nach oben entfaltet.

Wenn wir unser Gehirn mit der Walnuß vergleichen, in der alle Weisheit der Vergangenheit und alle Möglichkeiten der Zukunft gespeichert sind, können wir uns vorstellen, daß auch für uns der Trieb, der aus uns keimt, nicht sichtbar ist. Wir können die Früchte, die der Baum in einem anderen Lebensraum trägt, mit unseren irdischen Sinnen nicht mehr wahrnehmen, so wie sich die Walnuß in der Erde ihre überirdischen Früchte nicht mehr vorstellen kann.

In diesem Reich über der Erde reifen die neuen Nüsse, in denen wieder alles Wissen unserer kleinen Walnuß unter der Erde samt ihrem »Überkörper« ruht, das durch Erde, Wasser, Luft und Licht geweckt werden wird. Die »überirdischen« Walnüsse sind die Wiederverkörperung der Walnuß unserer Geschichte!

Haben Sie schon einmal bemerkt, wie sehr eine Walnuß unserem Gehirn ähnlich sieht?

NACHWORT

So wie eine Nuß Zeit braucht, um sich als Baum zu entfalten, braucht auch unser Körper unsere Geduld und Liebe, damit wir seine Botschaften verstehen. Und so wie ein Baum den Stürmen trotzt, werden wir durch das Leid und die Probleme stärker, die uns das Leben schickt, damit sich unser inneres Wesen aufrichten kann – wie eine Rose, die in ihrer ganzen Schönheit im Licht erstrahlt.

Ich freue mich, wenn Sie sich von der Alta-Major-Energie anstecken lassen …

In Liebe und Verbundenheit

Ihre Divo

OM
MANI PADME HUM

Übersetzt: *Das Juwel in der Lotusblüte*, das heißt für uns *Der Geist im Körper*

Kontaktadresse

Für weitere Auskünfte und Informationen stehen wir Ihnen gerne zur Verfügung im:

ALTA MAJOR® INTERNATIONAL
Urheberin Divo H. Köppen-Weber
Maximilian-Wetzger-Straße 5, 80636 München
Tel. 089–123 85 80/81, Fax 089–123 85 82

QUELLENVERZEICHNIS

1) Adolf Faller: Der Körper des Menschen
2) Are Waerland: Die Wirbelsäule, Säule der Gesundheit
3) Fritz Kahn: Knaurs Buch vom menschlichen Körper
4) Gerhard Leibold: Das Kreuz mit dem Kreuz
5) Thews/Mutschler/Vaupel: Anatomie, Physiologie und Pathophysiologie des Menschen
6) Fritz Kahn: s. o.
7) Are Waerland: s. o.
8) Geo Wissen 1/87: »Der Kosmos im Kopf«
9) Ibid.
10) Selvajaran Yesudian/Elisabeth Haich: Sport und Yoga
11) Are Waerland: s. o.
12) F. M. Alexander: The Use of the Self
13) F. M. Alexander: in »The Lancet«
14) Wilfried Barlow: Die Alexander-Technik
15) Karlfried Graf Dürckheim: Die Bedeutung des Leibes in der Psychotherapie
16) Eunice Ingham Stopfel: Geschichten, die die Füße erzählen können
17) Selvajaran Yesudian/Elisabeth Haich: s. o.
18) Brenda S. Johnston: Eine Heilweise des Neuen Zeitalters
19) Paramahansa Yogananda: Autobiographie eines Yogi
20) Lama Anagarika Govinda: Grundlagen tibetischer Mystik. Om Mani Padme Hum
21) Alice Bailey: Esoterisches Heilen
22) David V. Tansley: Energiekörper
23) Dr. John Diamond: Der Körper lügt nicht
24) Thews/Mutschler/Vaupel: s. o.
25) Dr. John Diamond: Der Körper lügt nicht
26) Prof. Dr. Dr. Dr. A. E. Wilder Smith: Herkunft und Zukunft des Menschen
27) Alfred Mühr: Wirbelsäule und Bandscheibe
28) Rudolf Steiner: Metamorphosen des Seelenlebens
29) Max Planck: Es gibt keine Materie an sich (Vortrag in Florenz)

30) Paramahansa Yogananda: s. o.
31) nachzulesen in Paramahansa Yogananda in den Kapiteln: »Therese Neumann, die Stigmatisierte« und »Die Yogini, die ohne Nahrung lebt (Giri Bala)«
32) Dr. med. H. C. Moolenburgh: Engel als Beschützer und Helfer des Menschen
33) Dr. Elisabeth Kübler-Ross: Über den Tod und das Leben danach
34) Dr. med. H. C. Moolenburgh: s. o.
35) Dr. Elisabeth Kübler-Ross: s. o.
36) Carl R. Rogers: Der neue Mensch
37) Dr. Elisabeth Kübler-Ross: s. o.
38) Ibid.
39) White Eagle: Vom Leben jenseits der Todespforte
40) Dr. Edward Bach: Blumen, die durch die Seele heilen (Heile dich selbst: Eine Erklärung der wahren Ursache von Krankheit und Gesundheit)
41) Ruby Nelson: Das Tor zur Unendlichkeit
42) Helmut Hessenbruch: Die umfassende Bedeutung der Hände
43) Thorwald Dethlefsen: Schicksal als Chance
44) Helmut Hessenbruch: s. o.
45) Dr. John Diamond: s. o.
46) Dr. Paul E. Dennison: Befreite Bahnen
47) Bhagwan Shree Rajneesh: Kunst kommt nicht von Können
48) Ida P. Rolf: Rolfing – The Integration of Human Structures
49) Barbara Ray: Der Reiki Faktor
50) Karlfried Graf Dürckheim: Der Alltag als Übung
51) Karlfried Graf Dürckheim: Erlebnis und Wandlung
52) Bhagwan Shree Rajneesh: The Spirit Rebellious
53) Barbara Ray: s. o.
54) White Eagle: Wunder des Lichts
55) Eileen Caddy: Spuren auf dem Weg zum Licht
56) Bhagwan Shree Rajneesh: s. o.
57) Gaston Saint-Pierre/Debbie Boaster: Die Metamorphische Methode
58) Robert St. John: Metamorphose: Die pränatale Therapie
59) Frédérick Leboyer: Der sanfte Weg ins Leben. Geburt ohne Gewalt
60) Robert St. John: s. o.

DANKSAGUNG

Ich möchte mich von ganzem Herzen bei den Menschen bedanken, die mich mit ihrer Liebe, ihrem Verständnis und ihrem einzigartigen Wesen auf meinen Alta Major Weg vorbereitet und unterstützt haben:

Meinen Eltern, die mir beide Verständnis und Hilfsbereitschaft anderen Menschen gegenüber vorgelebt haben. Ganz besonders möchte ich meiner Mutter danken, die mit ihrer großen Einfühlungsgabe und Offenheit das individuelle Potential in jedem Menschen sah. Mit Hilfe ihrer tiefen Weisheit, ihrem Humor und ihrer Wertschätzung dem Leben gegenüber diente sie auch in schwersten Zeiten den ratsuchenden Mitmenschen als Vorbild und erweckte in ihnen neuen Mut und Lebensfreude.

Meinen Schwestern Heide und Hilke, durch die ich lernen durfte, auch unterschiedliche Wesensarten zu akzeptieren und die individuellen Stärken immer wieder neu wertzuschätzen.

Hermine von Borries, die in der schweren Nachkriegszeit für uns Kinder da war. Sie hat meine Kindheit auf entscheidende Art und Weise mit ihrer Liebe zur Musik geprägt. Über unser gemeinsames Singen entdeckte ich die Freude an meiner Stimme und fühlte mich trotz der schweren Nachkriegszeit irgendwie erhoben und beflügelt.

Ich möchte auch den Menschen meinen tiefen Dank aussprechen, die dazu beigetragen haben, dass sich die Alta Major Methode erfolgreich entwickeln und entfalten konnte:

Meinem Herausgeber Michael Görden, der sich in seiner großen Visionskraft schon früh für die Alta Major Methode einsetzte und dessen Beistand und Duchsetzungskraft ich oft mit dem Erzengel Michael assoziiere. Endlich sind Alta Major und ich ihm durch die Neuauflage dieses Buches wieder begegnet.

Meiner CO-Autorin Ursula Fassbender, die während ihrer Sitzungen erkannte, dass Alta Major »noch viel mehr als eine Körpertherapie und Heilmethode für viele Beschwerden ist«, und die über ihre Begeisterung in uns beiden den Impuls weckte, gemeinsam ein Buch über Alta Major zu schreiben.